HIDALGO

JOSÉ LUIS TRUEBA LARA

HIDALGO

La otra historia

OCEANO

HIDALGO
La otra historia

© 2021, José Luis Trueba Lara

Diseño de portada: Jorge Garnica
Fotografía del autor: cortesía de FES ACATLÁN / Ramón San Andrés R.

D. R. © 2021, Editorial Océano de México, S.A. de C.V.
Guillermo Barroso 17-5, Col. Industrial Las Armas
Tlalnepantla de Baz, 54080, Estado de México
info@oceano.com.mx

Primera reimpresión: octubre, 2021

ISBN: 978-607-557-385-4

Impreso en México / Printed in Mexico

Este libro es para mis libertadores:
Paty y Demián, los soportes de mi rebeldía.

Y, por supuesto, también es para Ismael,
el nuevo rebelde.

¡Mueran los gachupines!

Mi padre es gachupín,
el profesor me mira con odio
y nos cuenta la Guerra de Independencia
y cómo los españoles eran malos y crueles
con los indios —él es indio—,
y todos los muchachos gritan que mueran
los gachupines.

Pero yo me rebelo
y pienso que son muy estúpidos:
Eso dice la historia
pero ¿cómo lo vamos a saber nosotros?

SALVADOR NOVO,
La historia

No existe el verdadero Hidalgo.

ALEJANDRO ROSAS,
Cara o cruz: Miguel Hidalgo

El recuerdo de un acontecimiento del pasado
depende de lo que se diga de él.

MARÍA DEL CARMEN VÁZQUEZ MANTECÓN,
Puente de Calderón, las versiones de un célebre combate

1

El cura bribón detuvo sus pasos delante del que alguna vez fue su amigo. El cadáver de Riaño estaba encuerado. La plebe le arrancó la ropa, y sin tentarse el alma lo dejó con las nalgas al aire. A como diera lugar querían encontrarle la cola de los diablos; pero, por más que lo hurgaron, ningún rastro hallaron de Lucifer. Él sólo era un gachupín, un militar de rango, alguien que se negó a rendirse y entregar a su mujer. Su cara se veía cerosa, de la comisura de los labios ya no le goteaba sangre. El pequeño charco donde se paraban las moscas verdes y panzonas empezaba a cuajarse. Su ojo izquierdo estaba reventado, la negrura de los humores terrosos le marcaban el cachete y la sien. Si el ensotanado hubiera tenido los tamaños para tocarlo, la consistencia chiclosa se le habría quedado pegada hasta el fin de sus días. Las traiciones nunca se borran. El plomazo que vino de quién sabe dónde fue certero o, tal vez, una funesta casualidad fue la que le dio rumbo a la bala. Riaño apenas pudo retorcerse antes de que las garras de la pálida le rajaran el pecho para arrancarle el alma.

—Los muertos tienen malas maneras —murmuró el cura—, siempre se me quedan viendo a los ojos.

Sus dedos no se dignaron a trazar la cruz sobre el muerto, el hombre que fue su amigo sólo merecía freírse en el Infierno.

Con calma se acomodó los dos pistolones que traía en la cintura; durante toda la batalla sus manos no se acercaron a ellos. Otros mataban en su nombre.

La patada que le dio a Riaño no fue muy fuerte. Quería que su único ojo mirara las losas de la alhóndiga. Delante de Hidalgo, los muertos también debían portarse como lo mandaba. El intendente de Guanajuato no fue el primero ni el único que se escabecharon ese día, pero todos los cadáveres tenían que cuadrarse delante de él. Si don Miguel era el capitán general de la leperada, su mando se extendía sobre los vivos y los difuntos.

Apenas se detuvo unos instantes para ver su bota. El brillo absoluto se había perdido por culpa de Riaño.

Suspiró casi resignado y siguió avanzando hacia el patio.

En ningún lado se veían sobrevivientes. Los únicos que gritaban y se arrebataban el botín eran sus hombres, sus hijos buenos que ajustaban cuentas con el pasado. Más de tres perdieron la vida a manos de sus compadres por no entregarles una barra de plata, un puñado de monedas o el saco de maíz que se echaron sobre el lomo con ganas de matar el hambre que les marcaba las costillas desde que el tiempo existe. Ustedes saben que no miento: los miserables ni siquiera respetaban a sus iguales. En el momento en que el viento de las brujas los tocó, el Diablo los hizo suyos.

Las gachupinas estaban tiradas a mitad del patio.

Ninguna tenía la ropa completa, a todas se les veían las piernas abiertas y la falda alzada. Muchas tenían los dedos mochos y las orejas desgarradas. Sólo Dios sabe si les arrancaron las joyas antes de profanarlas y rajarles el gaznate como si fueran cerdos de matadero. Los hombres no tuvieron mejor destino. Ahí estaban, embrocados y con el trasero herido por el puñal que buscaba los signos del que no tiene sombra.

Hidalgo, el más cabrón de todos los curas, se quedó parado a mitad del patio de la alhóndiga.

El olor del azufre quemado y la carne chamuscada lo obligó a fruncir la nariz.

Los muertos no le importaban, pero la peste lo incomodaba. En esos miasmas se agazapaban las enfermedades que podían metérsele en el cuerpo y, para acabarla de fregar, el humo ceniciento lo obligaba a sentir los rescoldos del miedo que marca a los animales cuando la muerte los lame. Todos los caídos lo habían sudado y sus humores se sentían en el aire encerrado.

Don Miguel apretó la quijada, el cuero de guajolote de su papada se tensó para revelar las venas.

Apenas tuvo que mover un poco la mano para que el matasiete se acercara a su lado.

El Torero tenía el alma negra y su charrasca siempre estaba dispuesta. Una palabra del cura bastaba para que su filo le rajara las tripas a cualquiera que no le llenara el ojo. Aunque ustedes no me crean, desde el día en que tomó la decisión de levantarse en armas en Dolores, nadie se atrevía a llevarle la contra. Él fue el último que llegó a la casa de los Domínguez para unirse a los levantiscos y, sin que nadie pudiera meter las manos para jalarle las riendas, se convirtió en el primero en mandar.

Cuando la conspiración se descubrió, los que no fuimos encarcelados terminamos obedeciéndolo. En menos de lo que canta un gallo nos dimos cuenta de sus alcances y no nos quedó de otra más que agachar la cabeza. El momento en que lo llenaríamos de grilletes aún no llegaba y, cuando se hizo presente, ya era muy tarde. Ustedes, aunque yo se lo implorara, no me dejarían entrar a su celda para vengarme.

—Mándeme, padrecito —le dijo el Torero.

Su voz sonaba mustia. Lo único que le faltaba era que agachara las orejas y metiera el rabo entre las patas para arrastrarse delante de su amo.

Ese tono no era el suyo.

Cualquiera que lo hubiera visto en la pulquería o mientras se echaba un buche de chínguere acompañado por sus amiguetes sabía que sus palabras se escuchaban impostadas. Los que conocían sus horrores no podían creer tanta mansedumbre en el hombre que devoró a sus víctimas. El dulce sabor de la grasa de las mujeres lo tenía marcado en el alma.

Todos conocíamos sus dos caras.

—Párate ahí con tus muchachos —le contestó don Miguel mientras señalaba la puerta destrozada que aún humeaba—, que nadie se lleve las barras de plata. Nosotros las necesitamos más que ellos.

El Torero asintió, y antes de dar el primer paso se atrevió a hacerle una pregunta a su patrón.

—¿Nomás las barras?

—Sí, sólo las barras… Si no se quedan con las monedas y la comida nos darán la espalda en un santiamén. Total, si se tragan los granos y les da más hambre, seguro que hay un pueblo más adelante.

Por más que quisiera, Hidalgo no podía engañarse. El estandarte que se agenció en Atotonilco no bastaba para disimular sus pecados, la Guadalupana estaba horrorizada por sus crímenes y su manga ancha con los saqueos y los asesinatos. A lo mejor por eso había veces que se quedaba viendo a la nada mientras sus labios se movían para rogar la clemencia que no merecía.

Dicen que el niño Dios lloraba sangre cuando en los caminos se escuchaban los gritos de su gente. Los aullidos de la horda eran el presagio de la desgracia que no podía ser detenida con los rezos ni las procesiones. Por más que sahumaron sus imágenes, la Virgen de los Remedios y el santo Santiago les dieron la espalda a sus fieles.

Algún pecado mortal habrían cometido. O quién quita y era otra cosa: la Virgen Gachupina parecía derrotada y no se veía para cuándo alzaría la cabeza.

De los miles que llegamos a Guanajuato para atacar la alhóndiga sólo unos pocos éramos hombres de ley. Los soldados de a deveras apenas nos notábamos entre la chusma enloquecida. Los uniformes se ahogaban entre los andrajos, y los bicornios no tenían manera de opacar los sombreros rajados donde se asomaban las greñas de los zaragates. Los pelos tiesos y sebosos eran el recuento de su vida. A pesar de los meses que ya pasaron, las imágenes de lo que hacían no se me pueden salir de la cabeza.

Cuando llegaba la noche y se encendían las lumbradas, sus mujeres se les acercaban y metían las manos en su mata grasienta. Querían despiojarlos y aplastar a los bichos entre sus uñas mugrosas. Algunas miraban la mancha que se les quedaba pegada y la lamían como si fuera un manjar. Por más que robaran y se retacaran, el hambre no podía salírseles del cuerpo.

Ellos estaban embrutecidos por el chínguere y Nuestro Señor los repudiaba por sus diabluras. Allá, en sus templos ajados, los altares se miraban destruidos y en la entrada se apilaban las estatuas de los santos descabezados. Si ellos no les cumplían, el machete los degollaba y ponían otro para adorarlo mientras el jícuri los llenaba de visiones diabólicas.

Ustedes van a fusilarme y no puedo mentir. Diga lo que diga, mi destino está decidido. La mayoría de los desharrapados estaban ahí para silenciar los chillidos de sus tripas y cobrar venganza, para saquear y perder la vida con tal de no abandonar a sus compadres en la fiesta de las calacas. Los que ayer eran unos bandidos ya eran unos matagachupines. Las ansias de botín eran lo único que los hacía seguir juntos y los animaba a gritarle vivas a la Guadalupana antes de lanzarse a la matanza. Hidalgo estaba dispuesto a protegerlos de los castigos divinos y, en esos días, también los alejaba de la horca de los tribunales. Si nosotros buscábamos otra cosa, a ellos les valía una pura y dos con sal. Los criollos de buena cuna no entrábamos en sus planes enloquecidos.

Muchas de sus mujeres los siguieron con los hijos colgándoles del rebozo o prendidos de su teta seca y flácida. Por más que quisieran, sus hombres no podían dejarlas así como así. Los conocían de sobra y por eso tenían que traerles la rienda corta para que no terminaran revolcándose con otra. Esas chimiscoleras siempre estaban sucias, andrajosas; sus ojos de serpiente se clavaban en las tiendas de todos los lugares por los que pasábamos. Su mirada estaba prieta y tenía la marca de los pecados capitales. La ira, la gula y la avaricia se retorcían como culebras en su alma que le perdió el miedo al Todopoderoso. Las milpas que se secaron por falta de lluvia las maldijeron con los tlacuaches rabiosos que anidaban en sus tripas para mordisquearlas.

Ellas aprendieron rápido y nada se tardaron en enseñarles a sus hombres.

Cuando los levantiscos abandonaban un pueblo, las puertas de las tiendas se miraban quebradas y las alacenas vacías. Nadie recogería las zurrapas que se quedaban en el piso, los perros esqueléticos en cuyos lomos se miraban los pelos entiesados por la rabia serían los únicos que se las tragarían. A esas alturas, ningún marrano quedaba en las calles para alimentarse de la basura, todos habían sido sacrificados mientras que los chillidos les brotaban del gañote a fuerza de martillazos.

A los que estaban detrás del mostrador más les valía dejarlas hacer y pegarse a la pared con ganas de volverse una sombra, una transparencia que los protegería de sus garras. Los que se atrevieron a tratar de detenerlas se enfrentaron a la mala muerte. Los arañazos en la cara, las mordidas que sólo se aflojaban cuando el sabor herrumbroso de la sangre les llegaba al pescuezo, los jalones de greñas y las infinitas puñaladas se tardaban en arrancarles la vida. Ellas eran iguales a los zopilotes cuando se disputan una vaca muerta.

Dios sabe que no miento. Desde que salimos de Dolores, los hijos del cura eran idénticos a las langostas, pero lo que había pasado en Guanajuato no tenía nombre.

Ese día, después de que dejó atrás el cuerpo de Riaño y se detuvo en el patio, Hidalgo salió de la alhóndiga sin sentir una mancha en su alma. Las arrugas que le fruncían la cara eran las marcas de su entripado. La bilis negra se le subió a la sesera y sólo con tres fajos de aguardiente podría atreguarse la rabia. Por más que lo intentó, el Torero apenas pudo recuperar algunas barras. Las más estaban en manos de los matadores, de los que fueron capaces de arrebatárselas a quien fuera y se jugarían la vida con tal de no entregarlas.

Aunque deseara otra cosa, don Miguel sabía que no tenía caso tratar de quitárselas; la lealtad de los malvados se compra con riquezas y, aunque el hígado le ardiera por la muina, tenía que hacerse el imbécil delante de los ladrones. Ellos eran el pueblo que emparejaba las cosas y seguía los mandatos de la ley del Talión.

¿Para qué lo niego?, Hidalgo era como ellos.

Estoy seguro de que sólo quería vengarse. Quién quita y el recuerdo de su hermano Manuel era lo único que lo impulsaba como una lumbre que no se apaga. O, en un descuido, capaz que sus bravatas y sus crímenes eran la única manera que tenía para escapar de las habladurías y la Inquisición.

Sus pasos eran cuidadosos, muy cuidadosos.

La calle era de bajada, el empedrado herido se sentía resbaloso por las huellas de la matanza y las explosiones que lo destriparon.

De cuando en cuando levantaba la vista y trataba de encontrarme.

Por más que quisiera no podía negar que yo estaba contrapunteado por lo que había pasado. Desde que salimos de San Miguel ya me las debía, y la lista de sus deudas crecía a cada paso que dábamos. Pero Hidalgo nunca tuvo la costumbre de pagar sus préstamos.

Lo miré desde lejos.

No quería oírlo, por eso me fui al trote por las calles más enredadas.

2

Cuando llegamos a Guanajuato, los gachupines ya nos esperaban. Las palabras que nos anunciaban corrían como un reguero de pólvora con sobrado azufre. Yo marchaba al frente con mis dragones y mis soldados de a pie, detrás de nosotros caminaba la leperada que mal cantaba el alabado y maldecía a los europeos.

Nos detuvimos cerca, muy cerca. El cansancio de la marcha se nos tenía que salir del cuerpo antes de dar batalla.

El campamento todavía no se levantaba, pero el cura pidió su escribanía y le mandó dos cartas a Riaño. En una le exigía que entregara la ciudad sin disparar un tiro, en la otra le ofrecía la posibilidad de que su mujer lo abandonara para salvar la vida. Él la recibiría gustoso y la protegería.

A golpe de vista, la amistad marchita parecía notarse en esas letras que recordaban sus pláticas en francés. Sin embargo, el intendente no podía olvidar el pasado. Más de una vez pescó a Hidalgo mirando a su esposa en las tertulias. La calentura estaba marcada en las pupilas que no se alejaban de sus pechos. Las habladurías sobre los bastardos que dejaba regados no eran verdades a medias. Su pico de oro era capaz de romper la aduana de los escotes y alzar los telones de las faldas.

La respuesta de Riaño no se tardó en llegar.

Guanajuato no se rendiría, su esposa y sus hijos permanecerían a su lado.

Cuando terminó de leer el pliego, Hidalgo alzó los hombros y medio torció la boca. Esa mujer no era como las que actuaban en sus comedias, y su naturaleza tal vez no podría entiesarse delante de una dama que lo ensordecería con sus maldiciones.

Las palabras del intendente no eran una sorpresa. Riaño nunca traicionaría al rey.

—Vamos a ver de qué cuero salen más correas —me dijo don Miguel sin esperar mi respuesta.

Se trepó en su caballo y sin más ni más empezó a gritarles a sus pelafustanes.

—¡Vamos a matar gachupines! ¡Ellos son los diablos que esconden las colas! ¡Ellos les quitaron todo lo que se merecen! ¡Dios de la venganza, yo te llamo para que protejas a mis hijos! ¡Mueran los europeos! ¡Viva la Virgen de Guadalupe!

La plebe leperuza comenzó a bramar mientras avanzaba hacia las calles.

Mis hombres y yo nos hicimos a un lado para dejarlos pasar. Nuestro tiempo era distinto del que marcaba la vida de los muertos de hambre, los criollos bien nacidos somos otra cosa.

En esos instantes, la suerte aún nos sonreía. Las tropas de Calleja seguían atoradas en San Luis y las que venían de la capital no llegarían a tiempo para salvar a Riaño y sus hombres.

Por más que rezaran, los gachupines estaban abandonados a su suerte.

Nadie estaba dispuesto a detenernos. Las puertas de las casas sentían la fuerza de las trancas y las ventanas se enceguecían por los postigos claveteados. El silencio era duro y parecía anunciar el golpe de un ciclón. Adentro, las mujeres se hincaban delante de las imágenes mientras sus dedos recorrían las cuentas del rosario para pedir el milagro que no llegaría. El miedo de que nadie les diera el viático y les trazara la cruz con el santo aceite estaba embijado en su alma.

Los hombres apenas armados se asomaban entre las rajaduras de las maderas con tal de adivinar las intenciones de los pelagatos que tenían el hocico colmado de espumarajos. Algunos estaban dispuestos a cargarse a todos los que pudieran antes de que los muertos de hambre desgarraran a sus esposas y sus hijas.

Ninguno de ellos tuvo la suerte de entrar a la alhóndiga.

El edificio macizo apenas le abrió la puerta a la gente que Riaño eligió por su buena sangre, los mestizos y las castas se quedaron con un palmo en las narices. Las gruesas paredes de cal y canto eran el recuerdo de las naves en las que enfrentó a sus enemigos en las marejadas. El intendente era marino y la alhóndiga se revelaba como su último buque.

Ahí íbamos. Nada nos enfrentaba.

A fuerza de alaridos, la gentuza de color quebrado se convenció de que nadie se atrevería a darles un plomazo en la barriga. Todos tenían las tripas retacadas con lo que se tragaron cuando el sol apenas despuntaba. Los miserables no eran como nosotros: a fuerza de mirar a la muerte, los soldados aprendimos que antes de la batalla hay que purgarse, sólo así pueden curarse las heridas del vientre sin que la mierda invoque la fiebre. La caca mata más que los plomos.

Cada vez gritaban más recio, y así siguieron hasta que la alhóndiga se mostró delante de todos. La gente de Guanajuato no bajaría las armas como la de San Miguel y la de Atotonilco, que los dejó hacer y deshacer mientras sus ojos se clavaban en el suelo.

Una orden bastó para que los soldados de los parapetos que cerraban las calles jalaran el gatillo. El estruendo enmudeció los bramidos. Cuando la humareda se fue al cielo, vimos los cuerpos de los pobres diablos que se quedaron tirados. Unos se arqueaban y otros suplicaban que les arrancaran la vida para terminar con sus dolencias.

Un paso adelante era una invitación a la muerte. La turba estaba tan apelotonada que ningún plomazo se perdía.

Las ganas de echarse para atrás mordieron a muchos, pero no había manera de que lo lograran. La gentuza seguía avanzando y los obligaba a mantener el paso sin que su destino importara.

Cada cuerpo que pisoteaban hacía más grande la parte del botín que les tocaría.

Los soldados de Riaño siguieron disparando. El orden de sus descargas tenía el ritmo de un péndulo que mochaba los hilos de la vida de los que estaban en la calle.

Así siguieron durante un rato, pero no podían matar ni herir a los suficientes para detener el avance.

Cuando la muchedumbre estaba a punto de alcanzarlos, los gachupines se retiraron.

La puerta de la alhóndiga aún estaba abierta y los esperaba para resguardarlos sin que se atrevieran a usar las bayonetas. El combate cuerpo a cuerpo era un lujo que no podían darse: los defensores eran poco más de una centena y la leperada sumaba miles.

Llegamos a la plaza que está mero enfrente de la alhóndiga. El miedo alentaba los pasos de los patarrajada y los bandoleros.

El golpe de la puerta que se atrancó le entregó el lugar a la mudez. Durante un instante nos quedamos parados, absolutamente callados. Ni siquiera los perros ladraban. Ellos, junto con las ratas y los gatos, huyeron de las calles para zambutirse en sus madrigueras.

Nunca nos habían enfrentado de esa manera.

Los gañanes bajaron sus armas con el culo fruncido. Las paredes del edificio eran indestructibles. En la azotea y las ventanas se asomaban los fusiles de los europeos.

Sin que nadie lo dijera ni lo mandara, la plebe comenzó a separarse. Muchos tomaron las calles y comenzaron a rodear la alhóndiga.

Riaño estaba en la azotea, tenía un sable en la mano.

Su voz retumbó y los plomazos cayeron sobre nosotros.

Los indios respondieron con las piedras que lanzaban con sus hondas y las flechas que no alcanzaban a herir las gruesas paredes. Las cuatro cuartas de cal y canto podían aguantar eso y más. Nuestros fusileros trataron de enfrentarlos, pero no tenían manera de protegerse. Con una pizca de puntería, los defensores de la alhóndiga daban cuenta de ellos. Sin embargo, la furia los hizo seguir avanzando.

Los que se quedaban tirados en el camino eran una nueva razón para vengarse.

A como diera lugar, querían tumbar la única puerta. Pero cada vez que se acercaban los disparos se cargaban a los que lo intentaban. Es más, cuando eran muchos los que llegaban con teas y un barril de pólvora, de la azotea caían las negras esferas que tronaban y los destripaban con la metralla. Yo vi a uno de esos deteniéndose las tripas y empujándoselas para que volvieran a su sitio. No lo logró, un balazo terminó con su sufrimiento. La mirada de ese hombre se volvió plácida y más de tres se llenaron de envidia cuando lo vieron. Ese piojoso ya no tenía que seguir luchando, tampoco sufriría el horror de que las mutilaciones retrasaran su muerte.

La carnicería no se detenía y más de una vez pensé que la derrota terminaría por alcanzarnos. Por más que fueran los patanes del cura, los que estaban dentro de la alhóndiga valían por diez.

De pronto, los zumbidos de las hondas comenzaron a escucharse en las casas más altas. Las piedras que lanzaban eran certeras. El primer español que cayó tenía la cabeza rota y los sesos se le asomaban entre los huesos quebrados.

La muerte era una lluvia implacable.

A los defensores no les quedó de otra más que huir de la azotea. Por más que quisieran dispararle a la indiada, sus fusiles eran más lentos que las hondas. Las ventanas también se volvieron peligrosas, la puntería estaba labrada en las piedras.

Riaño estaba atrapado, el populacho nada se tardaría en incendiar la puerta. Entonces tomó la única decisión que le quedaba: salió con sus mejores hombres para enfrentar a los atacantes. Los disparos mataron a muchos y su sable le rajó la cara y el cuerpo a otros tantos. Se jugaban el todo por el todo. Los europeos estaban seguros de que —si lograban resistir unos cuantos días— los refuerzos se mirarían en los cerros y la turba de Hidalgo sería ultimada. Los cañones cargados de metralla los despedazarían con cada tronido.

Los piojosos se echaron para atrás. Ninguno sabía pelear como un soldado de a deveras.

Pero el Diablo estaba del mismo lado que el cura. Un balazo le dio en la cara a Riaño. Sus hombres lo vieron trastabillar, el viejo sable cayó de su mano y, antes de que rodara por el piso, lo cargaron y se metieron en la alhóndiga.

Lo acostaron en uno de los graneros y la muerte lo atrapó después de que se arqueó por las convulsiones. Su hijo mayor gritaba que le abrieran la puerta para salir a vengarse, su esposa sólo se quedó tiesa delante del difunto. Aunque lo deseara, no podía entender la matanza que provocaba el sacerdote que muchas veces estuvo en su casa y se decía amigo de su marido.

Los españoles detuvieron al joven y las discusiones se soltaron de la rienda.

El miedo a la muerte les nubló la sesera a los gachupines. Algunos exigían que se alzara la bandera blanca para pactar la rendición con Hidalgo, otros gritaban que debían defenderse hasta que cayera el último hombre y, por supuesto, también estaban los que apenas pudieron hincarse para suplicarle clemencia al Cielo. Los tres curas que estaban en la alhóndiga no se daban abasto para darles una hostia y perdonarles sus pecados sin escuchar las confesiones.

El orden de la defensa estaba quebrado.

Nadie tomaba el mando de las tropas.

Los ruidos de las llamas de la puerta se fundieron con los porrazos que le daban.

Alguien gritó que estaba a punto de caer.

Los pocos que pudieron organizarse se formaron delante de ella con los fusiles listos. Detrás de los soldados se miraba uno de los sacerdotes que sostenía una cruz mientras gritaba *Vade retro Satana*. Cuando las maderas se rajaron y entraron los gañanes con los pelos chamuscados, los plomazos no los detuvieron. El cura que sostenía la Santa Imagen fue el primero en caer.

Sólo Dios pudo contar cuántas veces alcanzaron a jalar el gatillo los defensores. Si fueron tres, cinco o diez, no importa. Los endiablados entraron al edificio y la matanza empezó.

Nadie se salvó, ni siquiera los sacerdotes fueron perdonados.

Apenas había pasado un rato cuando el cura bribón se acercó a la alhóndiga indefensa. A la hora de la verdad, siempre se portó como lo que era: un collón por los cuatro costados. Pero, en esos momentos, su miedo ya no importaba, nadie podía sorrajarle un tiro en la cara. Con su mano trazaba la señal de la cruz sobre los miserables que corrían para matar y robar. Las ansias de sangre y el saqueo estaban benditos.

3

Por más que traté de perderme en el laberinto de las callejas, los hombres del Torero terminaron por encontrarme. A como diera lugar, Hidalgo quería verme. Mi caballo avanzaba entre las monturas de los matasiete; a cada paso que dábamos, las lagañas se me cuajaban por los horrores. Las perrillas hediondas se adueñarían de mis párpados, y cuando se reventaran el pus me llenaría los ojos de nubes. Las casas eran saqueadas y las tiendas estaban heridas de muerte. Un pelagatos jalaba a una española de las greñas para meterla en un callejón. Su mirada no dejaba duda sobre el destino que le esperaba, su mano izquierda apretaba sus partes con ganas de atreguarse las urgencias que pronto serían desfogadas.

Empuñé mi sable. Cuando estaba a punto de desenvainarlo, uno de los achichincles del Torero me detuvo.

—Eso va después, mi capitán; al patrón le urge verlo.

Lo miré a la cara.

El signo de la muerte estaba tatuado en su mirada.

—Pues hay que apurarse —le contesté mientras le clavaba las espuelas a mi caballo.

No tardamos mucho en llegar. Hidalgo estaba en una de las casas que cayeron en sus manos. Lo miré con calma, sus manos recorrían lentamente los pocos libros que ahí se encontraban. El color de las cubiertas de pergamino casi se fundía con el de sus dedos. Las manchas que los puros le dejaban se mezclaban con las huellas oscuras de los lomos donde alguien escribió su nombre con unas letras que se esforzaban por parecer claras. Los hombros caídos se le notaban sin su gabán y la leve curvatura de su espalda resaltaba por la ropa tensa.

Me miró y sonrió.

—El dueño de esto tenía mal gusto, no hay nada que valga la pena leer —me dijo con calma.

Por más recio que se escucharan, los gritos de la calle no le llegaban a las orejas ni lo obligaban a perder el compás de su respiración. Su pecho huesudo mantenía el ritmo a pesar de la matanza.

Después de que volvió a mirarme, se sentó como si nada pasara.

A su lado estaban apiladas las barras de plata que rescató de la alhóndiga. Aunque la mayoría se escapó de sus manos, no eran tan pocas las que estaban ahí. Una sobre otra tenían más de una vara de alto.

—Ven, siéntate... acompáñame. Dios sabe que tenemos que platicar.

Me quité el capote y lo dejé sobre la escribanía junto con mi bicornio. Me aposenté con calma mientras los pasos del Torero se acercaban.

—Usted dirá —le dije a don Miguel.

Mis palabras me sorprendieron, en cada una de sus letras se notaba la furia atragantada.

—Tienes que entenderme... lo que sucede es necesario, la justicia divina tiene un precio y siempre hay que pagarlo. Nadie se deja matar por nada, y lo que está pasando nos da lealtades y convierte nuestro nombre en la voz del pánico. Entiéndeme, Ignacio, con esto ganamos dos veces. Cuando las palabras corran no habrá ninguno que tenga los tamaños para enfrentarnos; el tal Calleja del que tanto hablas terminará culeándose antes de enfrentarnos.

Con calma tomó un puro.

Lo olisqueó y tuvo que chocar su yesca varias veces contra el eslabón antes de que la lumbre brotara.

El aroma del tabaco me llegó a la nariz mientras su rostro se escondía tras el humo.

—Lo que está pasando no tiene nombre —le repliqué tratando de mantener la calma—, cada saqueo, cada mujer profanada y cada gachupín degollado nos dejan solos. Necesitamos apoyos, soldados de a deveras, y no vendrán si las cosas siguen como van. Es más, si usted lo piensa, también soltaría a los españoles que tiene prisioneros. Un gesto de piedad nos abriría el corazón de la gente. Véalos, todos pasan las de Caín menos el militarete que le llena el ojo.

El tono de mi voz era duro, pero las ganas de gritarle se me atoraban en el gañote.

—¿Qué quieres que hagamos? ¿Que matemos con flores y sonetos? Yo sólo permito algunas cosas.

—Algunas, no todas —le repliqué.

Hidalgo le dio otro jalón a su puro y sonrió.

La sorna estaba labrada en su cara.

—De acuerdo, ¿qué quieres?

—Pena de muerte para los saqueadores y los criminales.

—Está bien, concedido —murmuró sin voltear a verme—, pero eso será mañana, esta noche es de mis hijos.

Cuando iba a levantarme, el cura me tomó del brazo.

—No te vayas, aún tenemos pendientes.

Mientras volvía a acomodarme en mi asiento, sus palabras se escucharon.

—Mañana tengo que volver a Dolores.

La mirada me traicionó.

—No es por ella —me dijo Hidalgo al adivinar mis pensamientos—, hay gente con la tengo que hablar...

Sólo asentí moviendo la cabeza.

—Quedas a cargo de Guanajuato, sólo una cosa te recalco: no castigues de más a mis hijos, ellos son buenos y están emparejando las cosas.

Él se fue y mis hombres apenas pudieron detener el saqueo. Por más ganas que teníamos de disparar contra la plebe, apenas podíamos darles de cintarazos y golpes con la hoja del sable. A media mañana tuve que tirar el mío, estaba chueco y ya no entraba en la vaina. Ningún herrero, por bueno que fuera, podía limpiarle la vergüenza.

La posibilidad de que levantáramos las horcas en la plaza de Granaditas estaba cancelada, el cura se vengaría de mis soldados si se atrevían a llegar tan lejos. Con la mano en la cintura soltaría a sus perros en contra nuestra. Los miles de desharrapados podían matarnos en un santiamén. Juan Aldama y yo teníamos miedo, pero aún confiábamos en que la guerra podía cambiar su rumbo. Nosotros no éramos unos bandoleros y sólo queríamos que en estas tierras mandaran los criollos.

En la noche, mientras los gritos de horror no se ahogaban, las noticias de Dolores comenzaron a llegarme. Ninguna me sorprendió, sólo ocurría lo que tenía que pasar.

Calleja avanzaba desde San Luis, a su paso los árboles se miraban colmados con racimos de cadáveres. Cada vez que entraba a un pueblo mandaba juntar a los hombres y los iba contando: uno, dos, tres, cuatro, cinco y, al llegar al décimo, sus soldados lo separaban para ahorcarlo. Si era un levantisco o si nada tenía que ver con nosotros no tenía importancia. Su mensaje era claro, brutal: el mecate era la advertencia definitiva para los que quisieran pasarse de la raya. Todos los condenados se hincaban delante de Calleja y le juraban que los alzados los obligaron a sumarse a la turba, otros le decían que jamás habían levantado la mano en contra de sus amos y que Dios sabía que eran agachones.

Esas palabras eran en vano, la muerte los había marcado.

Yo estaba seguro de que la matanza devoraría al Reino. Nadie puede asesinar impunemente. Desde que el cura permitió las escabechinas y el pillaje, todos sabíamos que la respuesta de las tropas españolas sería brutal y nuestra soledad se volvería absoluta.

A esas alturas, mis palabras habían perdido su sentido. Hidalgo era sordo cuando le decía que ése no era el camino, y lo mismo pasaba cuando en mi voz se escuchaba una verdad sin mancha: sólo podríamos ganar la guerra si nos quedábamos con pocos hombres bien armados y entrenados…

4

Cuando volvió de Dolores nada nos dijo del avance de Calleja. Él es un zorro con la lengua prieta. Por más que le hicimos, no hubo manera de que soltara prenda. Los hilos que metíamos con ganas de sacar una hebra se enredaban con su palabrerío. A don Miguel le encantaba oírse, el sonido de su voz lo hechizaba, y con tal de seguirse escuchando era capaz de decir cualquier cantidad de tarugadas. Sólo Dios sabe cuánto tiempo llevaba en el güiri guara, pero Aldama y yo estábamos hartos de oírlo perorar. De no ser por los que nos apoyaban en las tropas de Calleja nada sabríamos de nuestro enemigo.

Los ojos de Juan estaban colorados y los párpados le pesaban; por más que lo intentaba, la cara se le jalaba por los bostezos contenidos. Dos horas de palabrerío, de órdenes y contraórdenes, de puntadas y chifladuras derrotaban a cualquiera. Al final, el hartazgo lo venció y el ruido del aire que jalaba para seguir despierto obligó a que lo miráramos.

—No se desesperen —nos dijo—, hay dos personas que necesitan conocer.

Asentimos y los que aguardaban deteniéndose las quijadas entraron con calma.

Uno tenía la cárcel marcada en el cuerpo, el otro posaba como sabelotodo. Su largo pescuezo lo igualaba a un pájaro maltrecho. La manzana brotada con tres pelos enroscados delataba sus envidias, mientras que la piel que le colgaba de las mejillas era la cicatriz de sus miserias. Su flacura no era casual, y el libro que sostenía debajo del sobaco sólo fingía los saberes que no tenía. La cara se le miraba amarillenta. Era una mala señal. Cuando un pajarraco de ese color entra a las casas, la enfermedad y el mal están en sus alas. El color de Judas siempre es peligroso y anuncia las desgracias. Martínez era uno de esos tipejos que siempre están dispuestos a vender a su madre.

Mis ojos también se detuvieron en el preso, su historia repetía la misma de siempre: no importaba cuál fuera el lugar al que llegáramos, don Miguel ordenaba que las puertas de la cárcel se abrieran. Según decía, ninguno de los enjaulados merecía estar en ese lugar. Todos eran mártires, todos eran víctimas de la injusticia y, por supuesto, no eran culpables de nada. Él era el primero que los recibía a las puertas del presidio para besarlos y abrazarlos.

Ellos no eran como los españoles que capturaba para engrilletarlos.

Todos los gachupines eran culpables y los suyos debían pagar un rescate para recuperarlos casi enteros. Es más, si las cosas se ponían difíciles, podría intercambiarlos por un prisionero que de verdad le importara… como su hermano Mariano, que lo seguía y lo apoyaba. Él era su hombre de confianza, el único que guardaba las monedas y las barras de plata. En esos días, Mariano valía la vida de cientos de europeos; ahora no vale nada.

Cuando cante el gallo, el pelotón terminará con su existencia.

Los recién llegados se sentaron sin darnos los buenos días. Su gesto estaba atufado.

Al único al que se acercaron fue a Hidalgo.

Él les extendió la mano para que se la besaran como si fuera sagrada.

—Ellos dos —nos dijo— nos abrirán la puerta de la victoria.

—¿Cómo? —se atrevió a preguntar Aldama.

—Este caballero de luminosa inteligencia —le respondió Hidalgo mientras señalaba a Martínez— nos ayudará a forjar los cañones que necesitamos. Véanlo y llénense los ojos de sabiduría… estudió en el Seminario de Minería y entiende mejor que nadie los secretos de esas armas. Él sabe más que la *Enciclopedia* de estos menesteres. El caballero que está a su lado es un gran maestro en la creación de monedas. ¿Cómo será de bueno gracias a su oficio que se dedicó a falsificarlas hasta que los rufianes lo atraparon para meterlo a la cárcel?

Mientras Hidalgo hablaba, yo me pasaba la mano por la cara.

La barba de tres días me raspaba las palmas. Mis patillas estaban más enmarañadas que de costumbre y preferí no empeorarlas.

—Bien —le dije a don Miguel—, las monedas son cosa suya, pero los cañones…

—En tres o cuatro días estarán listos para que los pruebe —me contestó el Sabelotodo con ansias de atajar mis preguntas.

Sin decir una palabra más, Aldama y yo nos levantamos.

El Torero entró al cuarto y se acercó a Hidalgo. Algo le murmuró al oído.

—Está bien, hijo mío, ve con Dios y que la Virgen te proteja en el camino —le dijo don Miguel a su matasiete.

Martínez cumplió su palabra y nos llevó delante de sus cañones. La sonrisa de chunga no tenía manera de borrarse de la cara del cura. Estaba feliz de que su hombre me venciera sin que pudiera darle batalla. Su confianza en ese imbécil no tenía límites, por eso le entregó el mando de la artillería y nunca se lo quitó a pesar de las consecuencias. En el fondo se parecían:

los dos eran unos falsos ilustrados que sólo engañaban a los imbéciles y los iletrados.

—Se ven bien —le dije a don Miguel—, ya sólo falta calarlos. Usted sabe, hay veces que los ojos engañan y la lengua miente.

Hidalgo, con un cuidadoso ademán que remarcaba su victoria, me indicó que podíamos hacerlo.

Mis hombres cargaron el primer cañón y lo dispararon.

Una gruesa rajada le brotó en el lomo.

—No aguantó —murmuré sin miedo a que me oyeran.

Mis suaves palabras y mis hombros que se alzaron les devolvieron la afrenta al cura y al Sabelotodo.

Lo que se veía no podía negarse.

Uno a uno fuimos probando los otros cañones. Apenas el último resistió el primer estallido.

—¿Ves? —machacó Hidalgo—. Éste es suficiente para vencer a los gachupines. Yo lo bautizo como "El liberador de América".

Cuando sus manos terminaron de trazar la cruz sobre el cañón era claro que ninguna derrota lo sacaría de sus trece. Las locuras que le revoloteaban en la cabeza no podían ser rebatidas por la realidad.

Nada le dije del falsificador que brillaba por su ausencia. Su nombre y sus actos ya pertenecían al terreno de lo innombrable. Antes de que le entregara la primera moneda al cura, se largó con diez barras de plata y Mariano se quedó con un palmo de narices.

Por más que la piense, su pregunta no tiene respuesta. Capaz que se lo tragó la tierra… ni siquiera el Torero pudo hallarlo para cobrarle las que debía.

Después de su victoria a medias y el encabronamiento completo, don Miguel insistió en que lo acompañara. A como diera lugar tenía que estar en el nombramiento de las nuevas autoridades de Guanajuato.

Los dos íbamos al paso y, cuanto más nos acercábamos a la casa donde nos esperaban, el silencio se hacía más atoludo.

Uno de los criados nos abrió las puertas.

—Antes eras más conversador —me dijo y apresuró el paso para encontrarse con los principales que ahí estaban.

Ninguno aceptó los cargos que les ofreció.

Aunque el miedo los atenazaba, estaban seguros de que no podríamos quedarnos para siempre. Más temprano que tarde, Guanajuato sería recuperado por los realistas. La certeza de que Calleja terminaría colgándolos bastaba para que de sus labios brotara la negativa. Además, los principales le habían jurado fidelidad al rey y no podían aceptar las órdenes de Hidalgo sin manchar su honor.

El cura no estaba de vena para aceptar sus desplantes ni para tratar de convencerlos. ¿Quiénes eran para decirle que no?

Los miró hito a hito.

Sus ojos se quedaban fijos en los rostros de los que ahí estaban.

Al final, se les paró enfrente y comenzó a hablar.

—Ustedes tienen la sangre podrida, son unos traidores, unos cobardes.

Uno de los principales trató de interrumpirlo.

—Cállese —le ordenó Hidalgo con voz helada—, usted y los demás tienen hasta el amanecer para aceptar los cargos. Entiéndanlo, el rey y el virrey no son nada. Yo soy todo.

Al día siguiente, ninguno llegó a la reunión. Todos huyeron con sus familias y lo poco que pudieron cargar. El cura bufaba por la furia y a gritos llamó a su secretario. Le dictó sentencia de muerte a los que se negaron a obedecerlo, y en otro pliego la pluma trazó los nombres de los que no podrían negarse.

Don Miguel no buscaba a los que se la hicieron, sino a los que podrían pagársela.

Sin embargo, el Diablo hizo de las suyas: el Torero volvió de los rumbos de Michoacán.

—Todo se hizo como usted lo ordenó —le dijo al cura con voz melosa.

Hidalgo dejó de apretarse la nunca y sonrió.

—Tráelos.

El sonido de los pies que se arrastraban llenó el corredor.

Algunas de las autoridades de Valladolid habían sido capturadas en las cercanías de la ciudad. Sus deseos de largarse los entregaron a los lobos.

—Bienvenidos, señores —les dijo Hidalgo mientras les hacía una reverencia marcada por la chunga—, es una lástima que no puedan esperar hasta que se sirva la cena para sentarnos a conversar. ¿Quién soy yo para detenerlos? Ustedes tienen asuntos más importantes que atender en la cárcel.

Sin más ni más se dio la media vuelta para ir a dormir la siesta.

El sueño de los justos lo reclamaba.

—Valladolid es nuestra —me dijo don Miguel después de contarme quiénes estaban tras las rejas—. Por favor, queridísimo, prepara la salida de nuestras tropas para mañana.

Mi voz estaba apagada. Sólo alcancé a mover la cabeza.

5

Si Valladolid estaba cerca o lejos era un asunto que no me importaba. ¿Qué caso tenía hacer un entripado que a nada me llevaría? Por más que la arreáramos, la chusma era tan lenta como un gusano gordo. Nada necesitaba para detenerse y prender las hogueras para sus ollas tiznadas. Los revoltijos de frijoles y maíz podían olerse a leguas. La pestilencia de la manteca rancia que usaban en sus fritangas siempre estaba acompañada con los gritos y las presunciones de los barbajanes. Mientras las tortillas se adentraban en las jícaras y el hocico les chacualeaba como si fueran carroñeros, los bribones alardeaban de ser los más matadores y haberse robado miles de monedas en Guanajuato. Las pocas que cargaban —y que en un santiamén perderían en los dados y las barajas— palidecían junto al tamaño de la fortuna que ocultaron.

Los que no le tenían miedo a Dios juraban que las enterraron en un lugar que sólo ellos conocían y que nadie podría descubrir por más señas que tuviera. Sus ensalmos al Coludo no podían ser en vano. Allá, lejos de la codicia de los otros, la tierra y el Diablo las amamantarían para hacerlas más grandes y brillosas. Después de algunos meses de ser acariciados por el Maligno, los medios reales se convertirían en escudos, y los tlacos verdosos tendrían el fulgor del oro. Vayan ustedes a saber si esto que les digo es cierto, pero el caso es que ninguno volvió por su riqueza. Las balas y las horcas fueron el precio de su avaricia.

Lo que sí es una verdad de las buenas es que, hasta que el perdón del Todopoderoso los alcance, sus espectros rondarán en los caminos para suplicarles a los andantes que las desentierren y las entreguen en el primer templo que se les cruce. Sólo así lograrán que un cura les haga sus misas. Yo no entiendo de estas cosas, pero a mí se me hace que así podrán lavar sus pecados y dar el paso que —por más que quieran— jamás los llevará a la diestra del Padre. Sus espíritus, aunque ya estén en el más allá, seguirán engañándose y buscando maneras de burlar la justicia divina, pero los perros carboneros con ojos de lumbre les morderán las pantorrillas para llevarlos al único lugar que se merecen. Tras su limbo únicamente estará la eternidad del Infierno.

De nada les servirá que lleguen delante de san Pedro con toda su doctrina y que los rezos de los curas le anuncien su presencia: el que la hace la paga y, además, ninguno de ésos fue enterrado con la cabeza apuntando al norte. Da igual dónde se quedaron tirados, el polvo terminó tragándoselos y sus caras apuntan al lugar de Satán.

En una de tantas paradas, el cura se quedó sentado. Sus hombros cargados se notaban más que de costumbre. El silencio que lo marcaba desde que salimos de Guanajuato era una grieta en la lápida de su alma. La mirada se le perdía en el horizonte y el papel que sostenía en la mano se resistía a ser presa del viento. La hoja se agitaba y el sonido que provocaba parecía gobernar su vida. A leguas se notaba que quería estar solo. La caldera del vientre le ardía para espesar el humor incurable de la soberbia.

El Torero y los suyos casi habían formado un círculo que los alejaba de los miserables.

Ellos, desde el día que don Miguel los sacó de la cárcel en Dolores, se convirtieron en su jauría. Si habían matado y violado, o si profanaron los templos y las sagradas imágenes, fueron perdonados y bendecidos. A esas alturas, esos malvivientes ya habían aprendido que los desharrapados no debían mirarle la cara cuando estaba alicaído.

Delante de los muertos de hambre debía mostrarse como el mandamás invencible, como el único que podía abrir las puertas de la Gloria, mientras que el peladaje bramaba y agitaba sus sombreros con una imagen de la Guadalupana pegada con cola o apenas detenida con unos alfileres oxidados.

Lo miré con calma.

El momento de hablar tal vez había llegado.

Me acerqué. El Torero volteó a verlo.

Con un leve movimiento, don Miguel le indicó que me permitiera aproximarme.

—Mira —me dijo mientras me acercaba el papel.

Sus ojos eran oscuros. El verde lodoso de sus pupilas se había ido para siempre. La voz se le oía pastosa por la rabia que le espesaba las babas.

Lo leí con calma.

Ninguna de las palabras me sorprendió.

Ése era el castigo que nos merecíamos por lo que hicimos y dejamos hacer. Los dos habíamos pecado por palabra, obra y omisión. Aunque quisiéramos escapar, la posibilidad de sacarle la vuelta al Infierno estaba muerta: la Santa Iglesia nos repudiaba y nos maldecía desde el cabello hasta los pies y desde la piel hasta el tuétano. Y todos los que se atrevieran a tendernos la mano se enfrentarían al mismo castigo. Don Manuel Abad, el obispo de Valladolid, nos entregaba a las llamas eternas y la oscuridad sin redención.

Ante esas palabras no podíamos rebelarnos. Desde el día que se publicó el edicto, Lucifer nos esperaba en las profundidades de la Tierra para sumergirnos en el río de sangre que cuidan los endemoniados con cuerpo de caballo y torso de hombre. Por más que lo deseáramos, jamás podríamos huir de su torrente. Cada vez que lo intentáramos, los guardianes diabólicos nos atraparían y nos atormentarían hasta que volviéramos a su cauce para atragantarnos los coágulos de los indefensos que murieron por nuestra culpa.

Le devolví el papel.

Él lo dobló con calma antes de guardarlo en su bolsa.

Lentamente me señaló con el índice.

—Los amigos siempre traicionan —murmuró con ganas de que apenas lo escuchara—. Riaño prefirió la muerte a estar a mi lado, y ahora Manuel me condena y me maldice. Tú lo sabes bien… este papel está claveteado en la puerta de todos los templos del Obispado sin que sus letras se borren por la lluvia y sin que nadie se atreva a arrancarlo. De nada valieron las tardes que pasamos juntos, las conversaciones que tuvimos tampoco le atreguaron las ganas de condenarme, pero el viento se llevará sus palabras. Desde antes que nos levantáramos en armas Manuel ya me tenía ojeriza, por eso me dio la espalda sin que le importaran las consecuencias de sus actos. Dios sabe que terminará en manos de mis hijos, del pueblo bueno que sabe cómo cobrar sus deudas.

—Pero…

No pude terminar mis palabras.

Hidalgo levantó la mano para que me callara.

—Aquí ya no hay peros —me interrumpió sin necesidad de recordarme que era el único dueño del pandero—. Este papel no vale nada, cuando entremos a Valladolid los curas firmarán los documentos que lo convertirán en una metida de pata. Te juro por Dios que tendrán que arrancarlo de todas las iglesias y delante de mí lo quemarán mientras se arrodillan para que los bendiga. No han entendido que el rey es nada, que el obispo es nada, y que yo soy todo. Yo soy el principio y el fin, el alfa y el omega, el que todo lo puede, el único que puede sanar las almas y abrirle las puertas del Cielo al pueblo. Yo soy el predestinado…

Esas palabras las había dicho una y cien veces con tal de convencerse de que era invencible y que su voz derribaba los muros, quebraba cadenas y mataba fuereños.

Durante un instante quise ponerle la mano en el hombro para ofrecerle consuelo. A pesar de que estábamos contrapunteados, aún era capaz de tenerle lástima. En esos días, mis ansias de acuerdo todavía no se ahogaban en la sangre derramada ni se enmudecían por los gritos nacidos de la rapiña. Es más, la traición que a nada estuvo de entregarme a las manos de Calleja para que me destripara no tenía espacio en mi cabeza.

No pude tocarlo, eso me habría condenado más de lo que estaba.

Nuestro Señor y la Santa Virgen saben que sus pecados son más grandes que los míos. Nunca fingí tener las manos santas ni prometí la castidad que no respetaría.

Dios sabe que no les miento, las palabras torcidas perdieron su sentido.

En esos momentos, valía más que regresara con mis hombres. Los reclamos de los soldados eran los míos, y sus silencios culposos eran mi voz encarcelada. Sin embargo, antes de dar el primer paso volví a mirarlo.

Don Miguel no imaginaba que yo conocía la historia de sus odios.

6

Apenas habían pasado unos años desde el día que don Manuel Abad le levantó la canasta. Tanto fue la olla al pozo que terminó quebrada. Por más que fuera su amigo, la honradez del obispo de Valladolid no podía quedar mal parada. Con ganas de ser más que los demás, don Miguel renegó de la historia de su padre, el hombre de vista débil que cuidaba la hacienda de otros; el suyo no era un destino que le cuadrara a alguien de sus tamaños. A como diera lugar tenía que ser un señorón, y todos tenían que curvar el espinazo delante de su presencia. Poco a poco, a veces por las buenas y muchas otras por las malas, juntó alguna riqueza, y con sus hermanos se aventuró a comprar más tierras.

Los ranchos de los Hidalgo crecieron y él era feliz cuando se metía a los corrales para torear.

En las noches que festejaban a san Miguel, la peonada lo veía clavando las banderillas encendidas y enfrentando cornamentas de fuego. Los bufidos de la bestia que se achicharraba por las llamas y los cohetones que tenía en las astas lo hacían parecer más macho de lo que era y se creía. Pero, por más que fingiera, su estoque jamás fue preciso. Los toros que capoteaba siempre debían ser rematados a machetazos mientras el cura se pavoneaba para que la indiada aplaudiera.

Las palmas de los peones no eran sinceras, todas eran premiadas con comida y bebida. Si era o no un gran matador, a nadie le importaba un bledo. Lo único que les interesaba a las piojosas eran el jelengue y los arrimones que se darían mientras bailaban el jarabe gatuno y el chuchumbé. Un fajo de la bebida que era más transparente que el agua y más fogosa que el aguardiente bastaba para que le gritaran las maravillas que no tenía.

A la hora de la hora, a Hidalgo le faltaban los tamaños para enfrentarse a las bestias y su cuerpo nunca quedó marcado por las corridas; en cambio, yo las tengo labradas en la cara. Mi nariz chueca es la prueba de que le entré sin miedo a los capotes y las coleadas.

La vida de Hidalgo era muelle. Nada ni nadie podía jalarle la rienda a sus entretenes. En Dolores, no reparaba en gastos para jugar al teatro y mirar a sus fieles en el tablado mientras de mala manera recitaban los parlamentos de *El hombre de la corte* y *Los amores de Ovidio*. Si las obras del tal Molière y del llamado Racine eran despedazadas, a él le venía guango y todo lo premiaba con risas y palmas. ¿Quién podía dudar de sus pareceres? Todos estaban ciertos de que era el gran ilustrado en un pueblo que no conocía la o por lo redondo.

Lo único que le interesaba de los tablados eran las criollas y las gachupinas que terminaban por convencerse de que eran las actrices que podrían ocupar un lugar en los escenarios de París, donde las flores rebosarían de sus camarines y los aplausos las ensordecerían. Ya después, cuando la calentura de la comedia se les enquistara en la carne, las penetraría en su lecho mientras que las palabras en francés y otomí les gritaban los insultos que la lujuria le reclamaba.

Cada vez que las embestía y su cuerpo se arqueaba para derramar sus semillas, las voces de *chienne* y *nxupaxi* le brotaban del hocico. Él no era como los mulatos que esperaban la llegada del tiempo de calores para agenciarse una hembra y un petate.

Por más toros con las astas mochas que medio matara y por más comedias que se presentaran en Dolores, la deuda de los Hidalgo no era poca cosa. Manuel Abad les prestó dinero para su negocio, y al cabo de varios años se hartó de esperar los pagos. De nada servían las rogativas que le mandaba a don Miguel. Ninguna carta era suficiente para que parara su carro y cumpliera sus compromisos.

Un día —vayan ustedes a saber cuándo, pero de esto no hace mucho— los justicias de Valladolid llegaron para quitarles sus haciendas. El edicto que traían les ordenaba sacarlos de la casa grande y dejarlos a la mitad de la vereda. La deuda los alcanzó como un toro salvaje. A fuerza de palabras que juraban que todo era un error, sus hermanos pudieron ganar unos días para tratar de aclarar las cosas. Según ellos, don Miguel era el encargado de hacer los pagos, y por más que le preguntaron, jamás negó olvidarlos. Por la cruz de Cristo juraba que, peso sobre peso, los había abonado a la deuda que tenían con el Obispado.

Las voces y los ruegos de sus hermanos eran estúpidos.

El error que reclamaban no existía. El cura bribón nunca le entregó una moneda partida por la mitad al obispo de Valladolid. Todas se las gastó en sus jelengues con la seguridad de que la próxima cosecha sobraría para dar y repartir. Según sus extravíos, las secas pronto se terminarían y las bolsas rebosarían de la plata que le embarraría en la cara al prelado. Pero se equivocó de cabo a rabo: las lluvias se negaron a obedecer sus sueños, y por más cuchillos que enterró en el monte, ningún rayo jalaron para reventar las nubes.

Las haciendas se perdieron y la miseria volvió a rondar a su familia hasta que se adueñó de su mesa.

Por más cartas que le mandó, don Manuel Abad nunca creyó que Hidalgo usara ese dinero para socorrer a su grey y mejorar el pueblo que tenía a su cargo. Los ratos que pasaron juntos le descubrieron sus debilidades: era un fatuo, un tramposo, un cura solicitante y putañero que se zurraba en el confesionario y la santidad de la casa parroquial.

Al final, su hermano Manuel fue el pagano de la desgracia.

Manuel no era como Mariano, que siempre estuvo dispuesto a acompañarlo hasta el mismo Infierno que a nada está de abrirnos la puerta. Los que lo vieron dicen que, después de que perdieron las tierras, la manía se apoderó de su cabeza. Por más baños fríos que le dieron, su razón siguió extraviada. Las imágenes de santa Dymphna que le restregaron en las sienes tampoco sirvieron de nada, el milagro de los locos que sanó antes de que la degollaran no se repitió en casa de los Hidalgo. Las palabras del médico que le dictaminó fiebres extrañas con ciertos resabios de melancolía parecían imbatibles.

Vayan ustedes a saber si Manuel se atreguaba a ratos, o si sus males conocían el sosiego cuando los calores mermaban y la luna se ocultaba. Ella, aunque no aluce, es una mujer veleidosa y actúa por capricho. La certeza de que se moriría de hambre lo obligaba a tirarse al piso y arrastrarse como la más baja de las bestias. Ahí buscaba y rebuscaba en los rincones hasta que daba con una cucaracha que devoraba para retacarse las tripas que todo lo reclamaban. Las patas y los trozos de carapacho que se le quedaban pegados en los dientes pronto eran lamidos para no desperdiciarlos.

La pudrición se le metió en el cuerpo y, antes de que pasara un año, el Todopoderoso se apiadó y su alma seca se fue al Cielo.

Su cuerpo contrahecho no se parecía al que fue alguna vez, la vida se le fue por la cola y su último aliento se ahogó en el vómito donde flotaban trozos de los carapachos de los bichos que se tragaba.

Mientras Manuel se retorcía en su cama hedionda para tratar de romper sus ataduras, don Miguel se metía a la Iglesia y le gritaba a Dios que lo ayudara, que le sacara los males del cuerpo y le devolviera la luz a la cabeza de su hermano. A los parientes que se le acercaban para tranquilizarlo los tomaba del cabello y los obligaba a hincarse delante del altar para que también rezaran con grandes voces.

Nadie los escuchó en el Cielo y de nada sirvió que matara a palos a su perro más querido como un sacrificio para Cristo. Y, cuando le avisaron de la muerte de Manuel, se convirtió en lo que ahora es… un hombre que se sueña todopoderoso e invoca el alma de su hermano para que regrese de donde nadie vuelve.

Don Miguel nunca reconoció su culpa. Según él, el único responsable de la locura y la muerte de su hermano era el obispo de Valladolid. El odio al prelado no se le salió del pecho. Don Manuel Abad tenía la obligación de esperar a que le pagara hasta que le sobrara la plata.

Aunque de dientes para fuera se esforzaba por mostrar su arrepentimiento y de cuando en cuando le mandaba unas monedas a su cuñada y sus sobrinos. Lo que sentía era distinto, con tal de no mirarlos los obligó a que se fueran a la capital del Reino. Allá, lejos de él, jamás podrían mostrarse para embarrarle en la cara los hechos que ansiaba negar y que todos pagamos por una carta secreta que le mandó el virrey cuando estábamos a nada de tomar la Ciudad de México.

A mí no me consta, pero no faltan los que dicen que, el día que entramos a San Miguel, mientras sus hombres saqueaban la ciudad, se metió a la catedral para visitar la tumba de su hermano. Cuentan que se hincó delante de la lápida y le prometió a su ánima que la venganza sanaría su demencia en el Paraíso.

Don Manuel Abad y todos los peninsulares pagarían su muerte y sus males. Ellos le arrancaron un trozo de su carne y le arrebataron sus diversiones.

7

Nuestros pasos eran lentos, las palabras que relataban la matanza de Guanajuato pronto nos rebasaron. El horror de los crímenes silbaba como el viento que arranca las cruces de los panteones y desentierra los esqueletos de los impíos. Mientras avanzábamos, más de tres vallisoletanos se apartaron de sus hembras. Si en esos momentos las tocaban, sólo invocarían a Lucifer. Y, como debe ser, todavía se alejaban más cuando les llegaba la regla. La sangre muerta que les brotaba de su parte era la huella del pecado, la invitación al mal fario que olían los perros que se ponían en brama.

La gente de Valladolid se refugió en los templos y las procesiones se adueñaron de las calles.

Al ritmo de los tambores y del temblor de las llamas de las ceras, los rezos que le pedían un milagro a Jesús y a su Santa Madre se oían en todos lados mientras que los ojos ciegos de los santos eran incapaces de detenerse en los balcones. Estaban fijos en el vacío, en la mudez que se adueñaba de la ciudad en las noches.

Todas las plegarias fueron en vano.

La corte celestial estaba sorda, Satán andaba suelto.

Los rumores empezaron a trotar en el empedrado y se adueñaron de las vecindades de Valladolid: algunos decían que los lanceros habían huido a quién sabe dónde, otros murmuraban que los soldados que llegarían para protegerlos ya colgaban de los árboles, y unos más estaban ciertos de que el fin del mundo estaba a la vuelta de la siguiente esquina o que reptaba entre los cerros cercanos.

El dragón de siete cabezas y la puta de Babilonia avanzaban al frente de los insurrectos. A los aterrados ya sólo les quedaba una carta: encerrarse en sus cuartos y latiguearse hasta que sus pecados quedaran pagados. Lo que pasara después sería el último castigo que recibirían antes de que Dios perdonara sus almas.

En las noches, el ruido de los carruajes y los carromatos interrumpía el sueño de los vallisoletanos. Más de uno se asomó entre los postigos y vio cómo los principales huían de la ciudad. Cargaban lo que podían con tal de salvarlo del saqueo. El recuerdo de los mandamases que fueron capturados por el Torero les carcomía los dentros. Nuestro Señor era el único que sabía lo que ocurrió cuando el cura infame los entregó a la plebe enloquecida. Las imágenes de los hombres con las tripas de fuera, de los que fueron ultimados a patadas y de los que jamás tuvieron la oportunidad de decir su última plegaria no podían salírseles de la sesera que se retorcía para tratar de averiguar lo que nunca se sabría. Fuera cual fuera, el destino de los cautivos era la brújula que apuntaba el rumbo de la huida.

Muy cerca de esos carruajes también se miraba a los sacerdotes más encumbrados, sólo los curas de menor estofa se quedaron en Valladolid para resistir la andanada. Don Manuel Abad apenas y pudo ser visto entre las cortinas del palanquín que cargaban sus negros esclavos, cuyas libreas coloradas se convirtieron en harapos antes de que llegara a su destino. Sabía que la muerte lo acechaba desde que firmó la excomunión de Hidalgo. Sus rezos, por más enjundiosos que fueran, no tenían la fuerza para alejar a los endemoniados que se acercaban a la ciudad.

Delante de la gente, ninguno de los principales aceptó que se le quemaban las habas por largarse lo más lejos que pudiera. Todos dijeron que alguien reclamaba su presencia en otros rumbos, que el virrey y el arzobispo los llamaban a México para conocer sus pareceres sobre la insurrección o que tenían una manda pendiente en San Juan de los Lagos. Esa Virgen era la única que estaba a la mano para pedir un milagro, la de los Remedios estaba muy lejos y apenas la habían adornado con la banda de generala de las tropas realistas.

Pasara lo que pasara, no querían ser recordados como cobardes. Sin embargo, cuando hablaron, nadie creyó en sus palabras, las ojeras y el temblor de sus manos los desnudaron delante de todos. El miedo gobernaba sus patas y el tic tac de los péndulos los acercaba a la fatalidad.

La oscuridad nada tardó en volverse más negra. Los espantos se apoderaron de la ciudad que a cada instante tenía más clara su indefensión. A la hora de la verdad, los cañones y los fusiles se quedarían abandonados sin que nadie se atreviera a tocarlos para enfrentar a la horda del cura herético. Las mujeres y los niños fueron entregados a los conventos con el anhelo de que Dios los protegiera de los salvajes que bebieron sangre en Guanajuato. Con un poco de suerte, la plebe endiablada no profanaría las casas de Dios. A ratos, el milagro de la salvación aún parecía estar cerca.

Las calles se convirtieron en un lugar donde sólo los hombres se miraban, únicamente las pordioseras seguían firmes en las esquinas para pedir limosna. Y, cuando los varones creían que los ojos de sus vecinos apuntaban para otro lado, comenzaron a cavar en sus patios o a quebrar los muros de sus casas. En algún lugar debían esconder lo que tenían para salvarlo de las garras de los gañanes. No se daban cuenta de que las paredes con el enjarrado fresco eran un imán para los hijos del cura.

Cuanto más cerca estábamos, los que tenían amigos y parientes en la sierra también comenzaron a largarse. La ley de que el muerto y el arrimado a los tres días apestan no podía detenerlos. A como diera lugar, tenían que alejarse del mal que se acercaba, y con las pocas monedas que cargaban algo podrían darle a quienes les abrieran la puerta en un caserío a mitad de la nada. Sólo la plata levantaría las aldabas.

La piedad estaba muerta antes de que los encurados entraran a la ciudad. Todos estaban seguros de que los hombres de Calleja no llegarían a tiempo para salvarlos.

8

Yo lo sabía, pero Hidalgo ignoraba mis palabras. De nada valía que le pidiera que algunos de los suyos montaran guardia para enfrentar a los bandoleros que mandaban en esas tierras. ¿Quién de ustedes se atreve a decirme que miento? Los campos de Michoacán eran propiedad de los bandidos y los asesinos. Sus grupos no eran de dos ni de tres, muchos sumaban cientos, y no faltaban los pueblos enteros que se dedicaban al pillaje. Más allá de las ciudades, el Obispado era un lugar sin ley y los arrieros eran las presas anheladas. Lo que se decía de Tierra Caliente no era mentira: cuando sus habitantes estiraban la pata, siempre regresaban por sus sarapes para aguantar el frío de ultratumba. Las llamas del averno no tenían el calor que se sentía en los rumbos donde el sol y el crimen les curtían la piel a los desalmados.

Aunque quisiera negarlo, sabía lo que iba a suceder.

Cuando apenas nos faltan dos jornadas para llegar a Valladolid, la polvareda comenzó a notarse en el camino.

Las nubes ocres no mentían.

El viento no las levantaba, los jinetes que se acercaban eran un demonial.

A toda prisa alisté a mis hombres para el combate.

Las líneas de fusileros estaban dispuestas, sus armas apuntaban a la vereda. Ningún dedo temblaba en el gatillo, y después de que lo jalaran se lanzarían a la carga con las bayonetas por delante. En ese instante sabríamos de qué color pintaba el rojo. Los de caballería teníamos los sables desenvainados y las espuelas dispuestas. Ninguno hizo el mínimo esfuerzo para traer y alistar el cañón que Martínez fundió en Guanajuato. Un tronido podía llevarnos entre las patas sin que el honor del Sabelotodo se manchara. Esa arma estaba condenada a nunca matar a los enemigos, los buenos hijos de Hidalgo serían sus únicas víctimas.

Como si nada pasara, don Miguel se acercó y con una seña nos ordenó que bajáramos las armas.

—Ellos también son mis hijos —nos dijo con voz fuerte para que los desharrapados lo oyeran.

La polvareda cada vez estaba más cerca y así siguió hasta que, mero enfrente de nosotros, unos tipejos desmontaron.

Los tres bandoleros que avanzaban hacia nosotros tenían a sus espaldas a más de una centena de malvivientes. En sus caras se miraban las cicatrices que trazaban el mapa de su protervia. El que parecía el mandamás tenía la piel pinta y cacariza, sus bigotes se pasaban de ralos y su mirada estaba más torcida que un clavo usado. El sarape de sobrados colores y dudosa procedencia se tensaba sobre su vientre. La manteca de su timba no se ondulaba con los pasos ni seguía el ritmo de sus espuelas de plata. A fuerza de pulques y tragazones, su grasa era maciza como la de una pata de cerdo.

—Padrecito —le dijo a Hidalgo—, aquí estamos para lo que nos mande.

Don Miguel le ofreció su mano y el criminal se hincó para besarla.

El resto de los ladrones desmontó.

Uno a uno se fueron arrodillando para que los bendijera. Si él había liberado a los presos diciendo que no eran culpables, los asaltantes estaban convencidos de que sus pecados serían perdonados y sus raterías festejadas.

La cruz invertida los protegía y las balas jamás tocarían sus cuerpos. Ellas los atravesarían como si fueran espíritus y su carne no sería herida. Las palabras que le achacaban milagros a don Miguel no eran pocas, y más de tres miraban al cielo para encontrar las señales que lo protegían.

Cuando se terminaron las cruces y el besamanos, el cura bribón se acercó al lugar donde yo estaba.

—No te preocupes —me dijo—, estos buenos cristianos no se formarán con tus hombres. Vale más que el Torero los tenga a su mando.

9

Llegamos. Los pocos principales que seguían en la ciudad salieron para encontrarnos antes de que pisáramos sus calles. Ahí estaban, a mitad del camino polvoso y flanqueados por los árboles con las ramas desnudas. Tenían la mirada baja y los hombros gachos, más de uno se había confesado antes de apersonarse ante nosotros. A esas alturas, los ruegos eran lo único que les quedaba para no terminar en la picota. Cuando el cura se detuvo y caracoleó su caballo, apenas pronunciaron unas palabras: Valladolid se rendía sin presentar batalla. Lo único que suplicaban era que los saqueos y las profanaciones no la hirieran de muerte. Los insurrectos podríamos entrar en paz, y en santa paz debíamos mantenernos hasta que el camino nos volviera a llamar.

Sus peticiones eran pocas. Don Miguel les aseguró que todas se cumplirían a carta cabal: ningún templo sería profanado, sus hombres no entrarían a los conventos ni al colegio de niñas, y las casas de los europeos serían respetadas junto con sus personas. Las razones para que aceptara eran claras. El dinero que necesitara don Miguel era un asunto que podía acordarse sin problemas ni tacañerías. Todo era cosa de que dijera una suma y harían todo lo que estuviera a su alcance para juntarla. La vida tenía un precio y los gachupines estaban dispuestos a pagarlo.

Ninguno de los principales se atrevió a exigirle que firmara sus compromisos. A lo mejor no sabían que sus palabras se torcían con los ventarrones de los caprichos.

La calle ancha sonaba como el zumbido de un chiflón atorado. Las ventanas estaban cerradas y los balcones se miraban vacíos; en más de tres colgaban los crespones que se adelantaban al luto. Nadie estaba ahí para darnos la bienvenida, las voces que debían gritar los vivas a Hidalgo estaban encarceladas. El silencio era implacable.

Así seguimos hasta que nos ordenó detenernos.

Don Miguel desmontó con parsimonia, y el Torero se embrocó en cuatro patas para que no tuviera problemas al bajarse del caballo.

No es que el cura estuviera viejo ni tullido. A pesar de sus canas, todavía las podía… ése era un acto para que a todos les quedara claro quién era el que mandaba.

Lentamente comenzó a caminar hacia la catedral.

Sus pasos resonaban como si fueran el eco de las calacas que golpeaban los ataúdes.

Hidalgo sabía que las miradas lo seguían detrás de los cortinajes. No le tenía miedo a la ojeriza. Ese mal nada podía contra el dueño de la muerte, el que tenía el poder de los ojos de venado.

El único que iba a su lado era su matasiete, con la mano metida en el gabán. A nadie engañaba, sus dedos acariciaban el arma que saldría a relucir si alguien se atrevía a acercarse de más.

Las puertas del templo estaban cerradas, su excomunión se miraba en una de ellas.

A gritos llamó a los curas para ordenarles que arrancaran el papel y las abrieran.

Yo vi cómo entraba, también miré cómo los sacerdotes se hincaban y levantaban la vista al Cielo para pedir clemencia.

Cuando anduve averiguando sobre su destino, lo único de lo que pude enterarme es que, cuando le entregaron su alma al Altísimo, todos tenían en las tripas el edicto del obispo. El hombre que les rajó la carne juraba que vio esos papeles masticados y con la tinta embarrada.

Mientras los gañanes levantaban sus campamentos y tumbaban los árboles de las plazas para alimentar las hogueras, Hidalgo recibió a los curas que seguían en la ciudad. Todos le pidieron perdón por los errores del obispo y suplicaron por su vida mientras invocaban los días que pasó en Valladolid.

Los recuerdos del Colegio de San Nicolás no le ablandaron el alma.

A esas alturas de nada valía si esos hombres fueron sus alumnos o si los gobernó cuando era rector. Habían dejado de ser lo que eran. Ahora eran los enemigos que no merecían un dejo de piedad. Ninguno sabía que don Miguel abandonó el colegio con la mano en la cintura para ganarse unos pesos en un curato que parecía lucrativo.

Después de que le besaron la mano y suplicaron que los bendijera, los curas le ofrecieron lo único que podían darle: un solemnísimo *Te Deum* para disculparse y ratificar que la excomunión estaba derogada. En esa misa, la catedral se engalanaría y los coros se alzarían para alabar las glorias de don Miguel, mientras un sacerdote rogaría por su victoria en el altar.

—Ahí estaré —les respondió y sin más los dejó con la palabra en la boca.

Sus pasos comenzaron a perderse en el pasillo.

Cuando iba a despedirme, una voz me obligó a encoger la mano.

Hidalgo me quería a su lado. No estaba dispuesto a que esos curas recibieran una sola muestra de respeto.

—Mira, Ignacio —me dijo—, yo no puedo arrodillarme delante de unos perros. Tú irás al *Te Deum* en mi nombre… sabes que sobran los pretextos para justificar mi ausencia.

Esa noche entré a la catedral, que tenía todas las velas prendidas. La luz de las ceras blancas era la dueña de todo el espacio, las de sebo no apestaban el templo ni ponían en entredicho a las flamas que se negaban a chisporrotear. Ninguno de los sacerdotes se atrevió a preguntarme por el cura. Todos conocían su entripado. Los que lo habían tratado de tiempo, sabían de lo que era capaz cuando los humores del hígado se apoderaban de su sesera. Su bilis negra mataba.

Valía más que las cosas se quedaran como estaban y nadie las meneara. Las explicaciones que podía darles apenas serían malas mentiras.

La misa empezó y los rezos se transformaron en un murmullo acompasado.

Las santas palabras tenían un destinatario preciso: Benito, el santo que aplacaba las furias y alejaba a los matones y los endiablados. Todos los gachupines y los criollos de bien estaban hincados y sus susurros revelaban sus miedos. Ninguno tenía los ojos abiertos cuando la súplica llegaba a sus labios: "Protégeme de mis enemigos, del Maligno Enemigo en todas sus formas". Sin embargo, el nombre del verdadero demonio jamás fue pronunciado. Sus siete letras sólo rebotaban en las cabezas de los que ahí estaban.

Los ruegos a san Benito se volvieron carroña mientras se escuchaban en el templo. El santo, por más poderes que tuviera, no tenía manera de detener los horrores. Mientras el sacerdote alzaba la hostia, Hidalgo desencadenó a sus perros.

Las casas de Dios fueron saqueadas. Los cálices se llenaron de chínguere y pulque, los vestidos de las vírgenes y las santas se convirtieron en los ropajes de las chimiscoleras que pecaban mientras se zurraban de risa, y muchos retablos alimentaron las hogueras que aluzaban sus bailes lúbricos y grotescos. Si la catedral no se había rendido, ningún templo merecía ser respetado.

Antes de que se terminara la misa, uno de mis hombres me susurró lo que estaba pasando.

Una palabra bastaba para que arremetieran en contra de la leperada.

Me levanté y caminé hacia la puerta.

Ahí me esperaba el Torero.

—No se preocupe, mi capitán —me dijo—, lo que pasa tiene la bendición del patrón.

Aunque tenía la sangre caliente me regresé a mi lugar.

En el preciso instante en que la misa se terminó, me largué de la catedral con la deshonra a cuestas. Todas nuestras promesas fueron en vano. Para no variar nos habíamos pasado el octavo mandamiento por el puente más chaparro. Cada una de sus palabras estaba embarrada con la mierda del cura.

El ruido de los cascos de mi caballo sonaba como los martillazos del Diablo. El silencio lo volvía más recio y las chispas de las herraduras brotaban sin que fuera a toda carrera. Mi camino no tenía rumbo y terminó llevándome a casa de Mariano Michelena para encontrarme con el pasado.

El abandono se miraba en las paredes y los balcones desvencijados. Las telarañas eran las dueñas de los ventanales y las marcas de las patas de las ratas mostraban a las dueñas del lugar. Desde hacía meses, la basura se amontonaba en la entrada y nadie salía a barrerla. La dejadez de la casa era el recuerdo de mi primer fracaso.

Ahí, en las tertulias que organizaba Michelena, todo comenzó antes de que el nombre del cura nos pasara por la cabeza. En esos días, ni sombra llegaba. Esa vez a nada estuvimos de levantarnos en armas. Si lo hubiéramos logrado, todo sería distinto: los criollos estarían de nuestro lado y los soldados se hubieran acercado para jugarse la vida. Nuestra insurrección no sería una turba sanguinaria, sino un asunto de militares y caballeros, de gente de bien que lograría que nos tocara lo que por derecho nos correspondía. Los americanos podíamos mandar en América y ser leales al rey que estaba en manos del corso. El pleito sólo era en contra de los fuereños y las leyes que nos ninguneaban.

A mí me da igual que ustedes quieran negarlo. No hay manera de tapar al sol con un dedo: ninguno de los que conspirábamos con Michelena era un loco; las ideas afrancesadas no nos nublaban las entendederas ni nos hacían perder el tiempo con los libros que a nada llevaban y todo lo enredaban. Nuestros reclamos eran justos y no necesitaban los pliegos que le hicieron perder la razón a Hidalgo. Pero, ahora que lo pienso, es posible que todo empezara antes de que nos reuniéramos en casa de don Mariano.

Los chirridos de las cigarras que alebrestaban las almas se iniciaron cuando nos acantonaron cerca de Veracruz. Ahí teníamos que estar, listos para enfrentar a los franceses que pronto desembarcarían para apoderarse del Reino.

10

Cuando las noticias de España llegaron a Veracruz, los nortes que zarandeaban el puerto se adueñaron del Reino. Los vientos traían la arena que raspaba, la sal del mal fario implacable y las heladas que anunciaban las desgracias. El tal Bonaparte había invadido la península y el rey era su cautivo. Nada de lo que ordenara don Fernando VII podía obedecerse, todas sus firmas tenían la huella del corso endiablado. Desde ese momento, cada una de las letras de "Yo, el Rey" estaba escrita con tizne y azufre. Los nubarrones no llegaron solos: en menos de lo que se reza un rosario nos enteramos de que Su Majestad le entregó la corona al hermano de Napoleón. Pepe Botella, un briago sin casta, era el emperador de España y las Indias.

En la capital y las intendencias, el miedo no tenía sosiego. La armada francesa pronto llegaría a Nueva España para conquistarla y obligarnos a aceptar las ideas malditas que quemaban las cruces y traicionaban a los verdaderos monarcas. Después de que desembarcaran, ninguna cabeza permanecería sobre los hombros de la gente bien nacida. Todos estábamos seguros de que la guerra apenas estaba a unas leguas de la costa. Allá, en el fuerte de San Juan de Ulúa, los vigías no soltaban sus largavistas para descubrir las banderas que anunciarían el relámpago de los cañones.

Algo debía hacerse y algo hicieron: los soldados fuimos llamados a defender las tierras del rey y nos acantonamos a unas leguas del puerto.

Si Veracruz caía, Nueva España quedaría aislada.

Ahí estábamos, todos los días esperábamos las noticias del fuerte y, desde que Dios amanecía, nos preparábamos para la batalla que jamás ocurrió. Juan Aldama y yo éramos de ésos, Calleja también se paseaba por aquellos rumbos. En esos días apenas nos tratamos por encima, él estuvo en la línea de oficiales cuando me dieron el mando de los dragones de San Miguel. Don Félix María siempre andaba muy atildado y el fleco que apenas le tapaba la frente nunca tenía un pelo fuera de lugar. Los colores de su uniforme jamás se miraban deslavados: la grana y el palo de tinte mordían sus fibras.

A los que bien lo conocían, la boca se les llenaba de las alabanzas cada vez que pronunciaban su nombre. Él las podía en San Luis y su fortuna crecía a fuerza de negocios y gracias a un matrimonio más que conveniente. La dote de su mujer era tan grande que ensombrecía a la que recibieron algunas de las hijas de los mineros más ricos. Poco faltó para que el día de su boda el camino a la iglesia se cubriera con barras de plata.

Ya después, cuando volvió a tomar las armas con sus cuerudos y se convirtió en nuestro enemigo, sus talegas rebosaron. Tanta era su plata que harían falta muchas generaciones para que se agotara. Aunque ustedes digan y escriban lo contrario, Hidalgo y sus pelagatos no fueron los únicos que se apoderaron del botín.

Los soldados del rey también hicieron de las suyas.

El río revuelto les dio ganancias a todos los pescadores y Calleja se agenció una presa del tamaño de una ballena.

Sin decir agua va, una mañana nos mandaron de regreso a nuestros rumbos. Las formaciones, las largas marchas con los lomos cargados y los entrenamientos con pólvora y acero se terminaron en un pestañeo y sin discusiones. Si algo habíamos aprendido pues qué bueno, pero si todo lo desconocíamos daba exactamente lo mismo. La orden tenía que cumplirse y no había manera de ignorarla: sólo debíamos detenernos lo indispensable para recuperarnos del cansancio. Es más, de ser posible teníamos que evitar la capital del Reino.

Las palabras que corrían en el acantonamiento explicaban lo que pasaba: el virrey intentó romper con la Corona y los gachupines lo encarcelaron junto con sus secuaces. Los levantiscos, por los males del cuerpo o por una horca que jamás autorizó un tribunal, entregaron sus almas mientras que al virrey lo mandaron en grilletes a España.

A esas alturas, los americanos teníamos clara una cosa: la posibilidad de que nos tocara lo que Dios nos dio estaba muerta, los peninsulares seguirían siendo los únicos mandones.

Juan y yo volvimos a San Miguel y pronto comenzamos a reunirnos con otros alebrestados en casa de Michelena. Las horas que pasábamos trepados en el caballo valían la pena. A los que ahí se juntaban no les importaba que hubiera rechazado el cargo de regidor y que los europeos se sentaran a mi mesa. El pan y el vino refrendaban las amistades que no podían perderse. No todos los gachupines estaban cortados con la misma tijera.

Todos estábamos en casa de Mariano por los agravios que no cesaban: los militares criollos nunca mandaríamos al ejército completo, los comerciantes sólo sentían cómo sus bolsas se llenaban de hoyos, y los que tenían negocios en el campo se daban cuenta de que la miseria ya los acechaba. Las secas no tenían para cuándo terminarse y los emisarios del rey les chupaban la sangre. El mantel olía a pólvora y las buenas nuevas nos acariciaban las orejas: algunos regimientos de infantería estaban con nosotros y los dragones también se sumaban a la causa. Pronto lograríamos lo que nadie había conseguido a fuerza de enviar los papeles que no llegaban a los oídos de quien debía escucharlos: los criollos, los hijos de América, mandaríamos en estas tierras y el verdadero rey estaría de nuestro lado.

Poco a poco, la insurrección comenzó a notarse. Los murmullos y las palabras secretas recorrían los caminos de las intendencias.

El plan era preciso, en diciembre tomaríamos las armas. Pero, unos cuantos meses antes de que alzáramos los fusiles, naufragamos sin remedio. Uno se echó para atrás y nos denunció. Ese cura tenía dos caras y era capaz de tender la mano para recibir las trece monedas de la traición.

Ese cabrón tuvo suerte. Cuando nos adentramos en los caminos lo busqué en todos los pueblos que se nos cruzaron. La gente siempre me decía lo mismo: se había ido a la capital y allá se encerró en su celda para que nadie pudiera tocarlo.

Nadie conocía el final que tuvieron las monedas de la traición, pero yo imaginaba dónde estaban: pagaron las piernas abiertas y los tragos en los burdeles.

A pesar de lo que tramábamos, el virrey no se dio el lujo de la venganza. Quería llevar la fiesta en paz y no ansiaba echarle leña a las ascuas. Su sueño era pacificar y matar a la muerte antes de que rompiera sus cadenas. Muchos de los nuestros fueron capturados, pero todos se besaron los dedos en cruz mientras juraban que lo único que buscaban era defender los derechos de nuestro soberano. Nadie pudo convencerlos ni obligarlos a que dijeran lo contrario.

Al final, las sentencias fueron benévolas: uno se fue para San Luis, otros fueron llevados a México y a los más les tocó Valladolid por cárcel. Ninguno cayó en las mazmorras, aunque no tenían manera de abandonar la ciudad a la que los mandaron. Su prisión era grande y, por lo menos a golpe de vista, no les seguían los pasos.

Yo tuve suerte, nada pasó en San Miguel. Pero las ansias de rebelión las tenía metidas en el tuétano, la condena a siempre ser menos debía terminarse. Yo no tengo el color quebrado y me sobran blasones para mandar a cualquiera. Por eso, cuando nos comenzamos a juntar con los Domínguez en Querétaro y con otros criollos en los pueblos del rumbo, la conspiración agarró nueva fuerza. Los amarres que teníamos con la tropa no se habían perdido y la rebelión podría tronar en los días de la fiesta de San Juan de los Lagos.

Sólo Dios puede recordar cómo fue que las cosas se fueron para otro rumbo y nos llevaron a la perdición. La idea de que los miserables y las castas de la peor ralea debían sumarse se metió en los planes sin que nadie pudiera evitarlo.

Ninguno tuvo manera de convencer a los que hablaban del pueblo y, en ese momento, comenzó a mentarse el nombre de Miguel Hidalgo.

Acepté encontrarme con él. Una y mil veces maldigo ese día, pero ante lo hecho ya no hay más remedio que poner el pecho.

Lo invité a sumarse sin saber que, en el momento definitivo, nos haría a un lado y se pondría al frente de los patanes para invocar las furias. Todo lo que habíamos planeado se perdió para siempre, delante de nosotros sólo quedó el horror de la matanza.

11

Los templos de Valladolid no fueron los únicos profanados. Si las casas del Todopoderoso no le merecían respeto, ¿qué podrían esperar las otras? Mientras las hogueras de los atrios seguían ardiendo, los léperos fueron azuzados para que se lanzaran en contra de los criollos y los europeos. Cualquiera que tuviera un tlaco más que ellos merecía su venganza. Las palabras del cura no le dejaban espacio a la duda: los gachupines se habían robado sus alimentos y las nubes que nutrirían sus cosechas, ellos los despojaron de sus ropas de seda y de los oros que debían adornarles la jeta y el cuerpo. Los muertos de hambre eran los únicos que podían dejar atrás la miseria, los demás eran unos ladrones, unos bandoleros.

Esa vez no pude contenerme, es más: ni siquiera traté de frenarme.

En la calle ancha saqueaban sin freno. Por más que les gritaba que se largaran ninguno me obedecía. ¿Quién era yo al lado del cura que todo lo permitía?

Mis hombres desmontaron.

Junto a nosotros estaba el cañón que el Sabelotodo fundió en Guanajuato. Los soldados empezaron a cargarlo con metralla y lo apuntaron hacia la turba.

—¡Lárguense! —volví a ordenarles con todo el aire que me entraba en el bofe.

Ellos se burlaron y más de uno nos enseñó las nalgas mientras se carcajeaba.

—¡Éste es el último aviso! —les dije con grandes voces.

Nada pasó, ellos siguieron en sus trece.

Entonces di la voz de fuego.

La explosión silenció a la plebe y los cuerpos de muchos se quedaron tirados. Los que tuvieron buena suerte perdieron la vida por los trozos de metal que se las arrebataron en un santiamén, pero los que la traían torcida se arrastraban mientras trazaban las líneas de la muerte en el empedrado.

Uno de los míos me miraba.

Entendí su mudez.

—No los levanten, no los ayuden —les ordené a los soldados.

La revancha no les venía mal a los vallisoletanos.

"El liberador de América" estaba rajado. Sólo había matado a un puñado de los hijos de Hidalgo. Forjar cañones no es igual a fundir campanas.

Cuando nos encontramos, nada me reclamó el bribón. La muerte de unos gañanes no bastaba para ensombrecerle el ánimo.

—Mira —me dijo—, la gente de Valladolid es generosa y me ama.

En ese instante alcé los hombros y me negué a ver los sacos donde se guardaban los préstamos forzosos y las dádivas que les arrancaron a las familias para que les devolvieran a sus hombres que perdieron trozos de su cuerpo. Un dedo mocho o una oreja arrancada eran más que suficientes para que abrieran sus talegas.

—Entiéndelo, Ignacio —me dijo con el pecho hinchado de gozo—, la gente nos quiere y mis hijos todavía me amarán más cuando les pague sus esfuerzos. Ninguno pasará hambres y las monedas que les corresponden estarán en sus manos. Lo que ganaban como peones nada vale en contra de las riquezas que les entrego. Yo soy generoso, yo soy distinto de los gachupines.

—¿Quién soy para dudar de sus palabras? —respondí con desgano.

Sin más me di la vuelta para largarme.

—No te vayas... se me había olvidado decirte que el Torero está organizando a mis hijos para tomar camino. Haz lo mismo con tus soldados.

—De acuerdo.

Mis palabras eran parcas, todas las tenía atoradas en el gañote.

—Y, por favor, asegúrate de que tus soldados se confiesen para que los perdonen. Matar inocentes es un pecado.

Mientras me acomodaba en la silla de la montura para emprender la marcha, los ojos se quedaron fijos en los muros de la catedral. Aunque parecían recios y enteros, la riqueza del templo estaba destruida. Sin detenerse a pensar en su alma, don Miguel obligó a la curia a que le entregara la plata de los cepos y los cofres con siete llaves. Todos los reales terminaron en sus manos y los hombres del Torero sudaron la gota gorda para cargarlos. Hidalgo apenas les sonrió a los sacerdotes y les agradeció el apoyo a su causa. La excomunión que firmó el obispo también debía pagarse con plata.

Pero esto no le bastó para coronar sus profanaciones, sin empacho envió a sus malandrines a que rebuscaran en los conventos y en el colegio de niñas. Los huertos fueron escarbados donde la tierra se veía floja, y muchas paredes se quebraron a fuerza de cinceles, marros y barretas. Ninguna moneda podía escapar de sus arcas y quedarse en los escondrijos.

Sin temor a la falsía, firmó el papel donde reconocía su deuda con la Iglesia. A pesar de la presencia del escribano y los juramentos que hizo, los sacerdotes de Valladolid no tenían manera de engañarse. Esas letras de nada valían. El garabato que las soportaba era un nuevo escupitajo a su dignidad maltrecha. Ninguno de los curas desconocía la historia de las haciendas que los Hidalgo perdieron por falta de pagos.

El dinero que les arrebató a los clérigos y los europeos tenía un fin preciso. Cada domingo, los piojosos desfilaban delante del Torero y sus hombres para recibir la moneda que afianzaba la lealtad que se amamantaba de los saqueos y las venganzas.

Las cuatro horcas que construimos después de que "El liberador de América" se rajara para siempre no pudieron huir de su lengua afilada. Los gruesos mecates que pendían sobre la trampa estaban vacíos, el viento apenas los meneaba con desgano. Ninguno de los saqueadores ni de los asesinos lo sintió en el pescuezo y sus calzones siguieron secos por la ausencia del miedo. En esos momentos, los pelafustanes pasaban delante del cadalso con la burla marcada en la jeta. Hidalgo nos dejó levantarlas enfrente de la catedral con tal de que nos sintiéramos tranquilos y nuestras palabras quedaran amordazadas.

Cuando las horcas estaban dispuestas para hacer justicia, apenas torció la boca para remarcar que los patíbulos no cumplirían su cometido.

—Les quedaron muy bien —nos dijo—, ahora sólo falta que sirvan como advertencia. A ustedes los responsabilizo si uno solo de mis hijos termina colgado. Los buenos cristianos no merecen una muerte indigna… Mejor ahorquen a los gachupines, ellos tienen el corazón podrido y toda su fortuna se la robaron al pueblo bueno.

12

Cuando hicimos la primera parada, los oficiales llamamos a una junta de guerra. El momento en que les pondríamos los puntos a las íes había llegado. A como diera lugar, el cura tendría que aceptar nuestros planes y parar sus demencias. Juan y yo —al igual que los otros militares de cepa— no podíamos hacernos imbéciles delante de lo que pasaba: la lucha estaba desgobernada y terminaría por entregarnos a las tropas de Calleja sin que pudiéramos resistir sus embates. En esos momentos apenas éramos una turba y a toda costa debíamos cambiar el rumbo.

La sangre de los inocentes y los saqueos no eran lo único que nos preocupaba, los hechos que atestiguamos eran una señal que no se podía dejar pasar. El cura estaba deschavetado. Por todos los santos del Cielo juro que Aldama y yo estuvimos en la mesa donde platicó con uno de los poquísimos leales que le quedaban en Valladolid.

—¿Qué pretendes?, ¿por qué haces esto? —le preguntó ese hombre con ganas de entender las desgracias que asolaban a la ciudad.

Hidalgo suspiró y le dio un jalón a su puro.

—A estas alturas —le contestó—, es más fácil que te diga lo que hubiera querido que fuera a decirte qué es… Es más, ni siquiera entiendo lo que estamos haciendo. Mis hijos y yo estamos en manos de Dios y sólo pasará lo que él quiera.

El cura no mentía. Sus ansias de venganza se entrelazaron con los odios añejos de la plebe y nadie podría jalarle la rienda a la matanza. La idea de que América era para los americanos flotaba en las natas de su bacinica. Si por un milagro lográbamos derrotar a los enemigos, nada quedaría después de la guerra enloquecida. El Reino sería el lugar de los esqueletos y los miserables que se matarían para apoderarse de los despojos.

El sueño de la derrota dejó de ser una pesadilla, a ratos se convertía en uno de mis anhelos.

La victoria de Calleja quizá podría salvarnos y terminar con los horrores. A esas alturas, tal vez, lo mejor era perder...

A Hidalgo no le quedó de otra más que acudir a la junta. La fractura anunciada podía transformarse en un enfrentamiento o abrirle el paso a la deserción de los soldados y los oficiales. El futuro apenas estaba prendido con unos alfileres que lo desgarraban.

Llegó como esperábamos que llegara.

El Torero y sus matasiete lo escoltaban con las armas dispuestas. Ninguno las escondía debajo de su gabán. A fuerza tenían que enseñarlas como otro de sus desplantes.

El cura se sentó a la cabecera y sus cuidadores quedaron a espaldas de cada uno de nosotros. Su amenaza era clara, pero el miedo ya no le alcanzaba para que las nalgas se nos fruncieran. En ese instante creía que estábamos dispuestos a jugarnos el todo por el todo.

Juan fue el primero que tomó la palabra.

—Don Miguel —le dijo cuidando su tono con tal de no reventar las cosas—, tenemos que organizar nuestras fuerzas. Un alto de tres semanas nos permitiría entrenarlas y disciplinarlas. Usted sabe que Calleja y Flon se acercan con sus hombres. Si no estamos preparados, tarde o temprano la derrota nos alcanzará. Dios sabe que, si seguimos como vamos, ellos se alzarán con la victoria y nuestras cabezas rodarán sin remedio. Los que aquí estamos podemos encargarnos de esto, y no necesitaríamos tantos hombres a nuestro lado. Un soldado entrenado vale más que diez plebeyos mal armados. Entiéndalo, por favor entiéndalo, la leperada sólo provocará la derrota.

El cura lo miraba como si nada le dijera.

La mueca de sorna no se borraba de su cara.

Aldama terminó sus palabras y lo miró para exigirle una respuesta.

Don Miguel se estiró como gato viejo y suspiró con desgano.

Lo que dijéramos o dejáramos de decir no le importaba.

—Si ustedes quieren hacerlo, pues adelante... ¿Quién soy yo para detenerlos? Ustedes son los hombres de armas y todo parecen saberlo sobre el arte de la guerra. Ante esto, lo único que puedo hacer es agachar la cabeza delante de unos soldados tan fieros.

A pesar de su desplante, todo parecía perfecto.

Sin embargo, cuando estábamos a punto de levantarnos para comenzar la selección de los hombres y el entrenamiento, el cura alzó la mano y nos indicó que nos quedáramos quietos. La reunión aún no se terminaba.

—Sólo les digo una cosa... no cuenten conmigo para ninguna de sus ideas ni de sus planes. Antes de que comiencen con sus desplantes, ustedes se pararán delante de mis hijos y les dirán que se larguen, que ninguno recibirá una moneda el próximo domingo y que, si los ahorcan o los destripan, tampoco meterán las manos para defenderlos. Díganles que ustedes lo decidieron y que yo tuve que hacerme a un lado ante su sabiduría.

El zorro de lengua negra volvía a mostrarse.

Si nos atrevíamos a hacer lo que nos decía, nuestras vidas se apagarían en un santiamén. La turba estaba acostumbrada a la sangre y el saqueo, a la moneda dominical y al desenfreno.

—Tiene razón —le dije para cortar por lo sano—, vale más que las cosas sigan como van, sus hijos todo lo pueden.

Hidalgo no mordió el anzuelo de mis palabras. Sólo se levantó y a cada uno nos dio una palmada en la espalda a manera de despedida.

Cuando llegó a la puerta se detuvo por un instante y nos miró mientras sus dedos trazaban la cruz en el aire.

Las cosas eran más claras que el agua: a como diera lugar debíamos arrebatarle el mando antes de que su bendición se transformara en un viático al otro mundo.

La posibilidad de la derrota nos carcomía el espinazo y las sombras nos lamían el alma. Antes de que reanudáramos la marcha, el cura le ordenó al Torero que les diera otra moneda a los piojosos. Los necesitaba de su lado y estaba dispuesto a pagar sus lealtades.

Si las cosas reventaban, ninguno de nosotros se salvaría de su venganza.

En esos días también pasaban cosas que no podían esconderse. A pesar de su apariencia ridícula y su peinado a la francesa, el virrey se fajó los calzones y les puso precio a nuestras cabezas. Diez mil pesos de plata valía la mía y lo mismo costaba la de Hidalgo. A los dos nos tasaron con la misma balanza. Al cura no le preocupaba la recompensa que las autoridades pagarían por su muerte, los asesinos del Torero y sus buenos hijos bastaban para que nadie intentara ponerle una mano encima. A pesar de las excomuniones y las invitaciones a la traición, era intocable.

Mi situación era distinta, una palabra bastaría para que un lépero empulcado me atrapara a mitad de la nada y me degollara como si fuera un marrano. Los diez mil pesos del virrey y la gloria celestial que le ofrecería Hidalgo eran buenos alicientes para llenarse las manos de sangre.

Aunque jamás le dije las razones que me animaban y él nunca me preguntó nada, el día de nuestro fracaso le pedí a Juan

Aldama que no se separara de mi lado. Alguien tenía que protegerme de las traiciones y las revanchas que se agazapaban tras las sonrisas del cura.

Hoy me arrepiento de esas voces.

Juan cumplió su promesa hasta las últimas consecuencias y hoy está a punto de acompañarme al paredón como su último acto de lealtad. Si nada le hubiera pedido, capaz que se habría echado para atrás con tal de ganarse el perdón de las autoridades, pero nadie conoce los designios de Dios y nuestros pecados tienen que ser pagados. Ni el virrey ni el arzobispo, ni los inquisidores, ni los peninsulares piadosos están dispuestos a tendernos la mano. Nuestra muerte será un ejemplo para los alzados.

13

La plaza grande estaba delante de nosotros. Los encapuchados huyeron al escuchar el ruido de las herraduras. Ninguno dio la voz de alarma, todos se perdieron en las callejas y los callejones. Los largos cucuruchos que les tapaban la cabeza y la cara se quedaron tirados en el empedrado. Las telas oscuras y con una cruz bordada con hilo encarnado fueron abandonadas. El viento tenía miedo de moverlas.

El olor de la quemazón nos obligó a detenernos.

Ninguna de nuestras armas se había disparado y los muertos de hambre aún no encendían sus teas. Ese fuego no era nuestro.

Desmontamos y avanzamos hacia la picota que levantaba frente a la iglesia.

Ningún hombre vivo había sido entregado a las llamas que presagiaban el Infierno que lo esperaba cuando el auto de fe se terminara. Las cenizas de la efigie se lanzarían a los cuatro vientos con tal de que nunca reposaran en la tierra sagrada. El atrio de la parroquia las abominaba y les negaba el sepulcro.

El cura se detuvo y miró su rostro mal labrado en la figura que se chamuscaba.

Sus rasgos estaban ennegrecidos, las flamas le habían cegado un ojo.

El recuerdo de Riaño le dio en la cara. Hidalgo, por más baladronadas que hiciera, no era capaz de negar lo que todos sabíamos: el que la hace la paga.

El Torero no tuvo que escuchar sus órdenes.

A golpes de sarape apagó el fuego y sin miedo a tatemarse las manos sacó la efigie de Hidalgo.

—No se preocupe, padrecito, a usted no le dolió nada... esto es de puro palo —le dijo a su patrón.

El cura le sonrió a su achichincle y el criminal bajó la mirada como perro agradecido.

Sin pronunciar palabra me tomó del brazo y me llevó al extremo de la plaza.

Su rostro estaba descompuesto. Su pasado se fundía con el presente, el viejo juicio del Santo Oficio se abría de nuevo para mostrarles a todos quién era el hombre que presumía de libertador de la leperada y los negros que apestaban a lujuria y aguardiente.

—¿Sabes qué significa eso? —me preguntó mientras señalaba el quemadero.

Lo oí, pero sus palabras no buscaban las mías.

Sin más ni más siguió hablando para vomitar la rabia que tenía atragantada.

—Tú eres testigo de mi juramento, desde hoy no habrá inquisidor gachupín ni arzobispo gachupín, ni virrey gachupín, ni santos europeos. Todos esos cabrones se van a morir, te juro por Dios que se van a morir. Su sangre amorongada se regará por la tierra y sus ojos verán el lento suplicio de sus cuerpos sin poder gritar. Dios sabe que sus voces serán silencio. El Torero les arrancará la lengua y los obligará a tragársela para que se ahoguen con sus palabras.

No traté de detenerlo. Por más que lo hubiera intentado, él

sólo quería que lo oyera y que sus pecados se adueñaran de mi alma.

—Cuando lleguemos a la capital del Reino te juro por el alma de mi hermano que entraré a la catedral para rogar por el castigo eterno de esos hijos de puta. Después, acompañado de mis hijos, tomaré rumbo al palacio de la Inquisición. Si ellos me condenan yo los condenaré mil veces; si ellos me queman en efigie, yo los quemaré en carne viva. De esos malditos apenas quedarán las cenizas que dejarán de humear cuando me mee sobre ellas. De su palacio no permanecerá piedra sobre piedra y todos los presos serán liberados. La gente del pueblo no peca... los únicos que lo hacen son los gachupines que condenan a los hijos de Dios a la pobreza y la mala muerte.

En el momento en que lo escuché apenas pude pensar que ésa era otra de sus rabietas, un recuerdo del hermano que devoraba cucarachas.

Lo único que me sorprendía eran su tono pausado, la ausencia de gritos, las manos casi inmóviles.

El Altísimo es testigo de que no me pasó por la cabeza que intentaría convertir en verdad cada una de sus palabras. Yo creía que Hidalgo era un falsario y no había ninguna razón para creerle.

Me dejó y se fue caminando hacia sus hombres.

A cada paso que daba, don Miguel trataba de echar el pecho para adelante y se esforzaba para que su rostro revelara al hombre que se imaginaba todopoderoso.

No lo sé a ciencia cierta. Ni él ni yo nos teníamos la confianza para hacernos confesiones. Él sólo hablaba de más cuando la furia y la bebida le soltaban la lengua. Pero a mí me cuesta trabajo dudar de lo que ustedes dicen y lo que muchos murmuran. Hidalgo era putañero y se amancebaba con cualquiera que le abriera las piernas. Don Manuel Abad lo sabía y apenas hacía falta una chispa para que la lumbrada de sus pecados llegara a oídos del Santo Oficio.

Los que lo conocían de tiempo contaban que el pedernal que incendió las cosas chocó contra la yesca en uno de sus jolgorios: delante de unos curas de buena cuna dijo que en hebreo no existía la palabra *virgen*, que el signo de Virgo no podía endilgársele a la madre de Cristo. Ella era una cualquiera y sus calenturas sonrojaban a la Magdalena. Ella era tan puta como la más grande de las putas.

Y, como ya estaba encarrerado y alumbrado por el alcohol que se había metido entre pecho y espalda, las palabras también se le fueron cuando afirmó que los actos carnales no eran pecado y que el celibato era una estupidez por los cuatro costados. Según lo que decía, el cuerpo nos hacía reclamos y no había de otra que satisfacerlos. Quien no actuara de esta manera pecaba *contra natura*, cualquiera que se revelara en contra de la carne era peor que los sodomitas y los seguidores de Onán. Es más, esa vez también dijo que Dios autorizaba los placeres de la lujuria, las corridas de toros, los juegos de apuesta y las bebidas que le daban gusto al gusto. Nada estaba prohibido, todo estaba permitido, sobre todo para sus mejores hijos que eran iguales a él.

Esas palabras pesaban de más.

A ellas se sumaron las que sostenían que lo vieron bailando en Zitácuaro con una mujer de comprobada reputación, las que afirmaban que tenía un trato torpe con las damas de su curato, y las que no se sonrojaban cuando contaban que en su hacienda y en la casa parroquial entraban las hembras que salían despeinadas y con la ropa desarreglada. En Dolores abrían la puerta del despacho, pasaban a su habitación y abandonaban el lugar por la notaría del templo.

El suyo era un vano intento para que nadie las descubriera ni las mirara. En un pueblo chico, los ojos de los otros siempre están observando.

El enviado de la Inquisición no se tardó mucho en llegar de la capital del Reino para averiguar lo que se sabía y decía. Don Miguel lo dejó hacer y preguntar sin meter las manos para entorpecer las labores del hombre adusto y blanca sotana. El cura bribón se guardaba una carta en la manga, un as de oros o un caballo de espadas que saldrían a relucir en el momento preciso. La confianza que le tenía a su hermano Mariano era la garantía de que no lo atraparían y las denuncias se olvidarían para siempre. Allá, en la Ciudad de México, él era el defensor de los que estaban presos en las mazmorras del Santo Oficio, y justo por ello no temía las consecuencias de sus actos. Pero eso no impidió que las palabras llenaran las hojas, y las verdades completas y a medias salieran a la luz. Los trazos de la pluma afilada y la memoria del escribano convirtieron los murmullos y las maledicencias en algo que no podía ocultarse.

Los pecados del cura estaban claros en los pliegos enmarcados por el sello de la Corona. Más de tres putas hablaron delante del inquisidor y todas contaron la misma historia: Hidalgo era su cliente y, cuando alguna intentaba pasarse de la raya, las mandaba apresar para encerrarlas en una casa de recogimiento. En sus curatos no había un solo alcalde que se negara a aceptar sus órdenes. Ninguna de esas mujeres volvió a ver la luz de la calle, sus pasos y sus incitaciones dejaron de oírse en las noches.

En la prisión, las voces que lo acusaban se dictaminaron como arrebatos de locura o una clara muestra de endiablamiento. Esas putas tenían que ser amarradas hasta que se atreguara su razón o, en el peor de los casos, tenían que quedarse embrocadas para recibir una lavativa colmada de agua bendita; pero, como ellas persistían en sus habladas, valía más que alguien les mochara la lengua para que no se condenaran por pronunciar las palabras que ensuciaban la honra de un hombre de Dios.

Las encerradas jamás volvieron a abrir los labios, pero sus amigas todo lo contaron sin miedo a faltar a la verdad. El inquisidor les había prometido el perdón a cambio de su voz.

Las veces que se amancebó nunca quedaron claras. Los números de sus amoríos no le cuadran a nadie. Las sirvientas que llegaban a la casa parroquial con la carne firme y el virgo intacto la dejaron profanadas, las criollas que actuaban en sus comedias y convertían sus escotes en piedra imán tuvieron el mismo destino. Su miembro tieso parecía negarse al reposo y cada himen que rajaba se convertía en una nueva corona. Dicen que se lo frotaba con ortigas para que la hinchazón no se le bajara. En sus calenturas las indias no contaban, y los maridos cornudos se conformaban con abofetear a sus mujeres para creer que con eso recuperaban el honor perdido. Las marcas en el rostro acallarían el chismerío. Por más que lo odiaran, no podían matar a un sacerdote.

Lo que sí era un escándalo que no podía callarse eran los hijos que dejaba regados y las mancebas que mantenía con las limosnas de sus parroquias y las monedas que jamás le pagó al obispo de Valladolid. Con una tal Manuela tuvo dos criaturas, un varón y una hembra que delante de todos lo llamaban *padrecito* y en privado le decían *padre*. Detrás de sus virtudes públicas estaban sus vicios privados.

Cuentan que, antes de que llegara a San Felipe y a Dolores, ya cargaba con esos pecados que se amamantaban de los cepos. Algunos dicen que, en el momento en que se hartó de Manuela, la obligó a casarse y le dio como dote lo que durante semanas se juntó en las limosnas de su parroquia. Hidalgo la vendió como si fuera una negra y sus bastardos se convirtieron en las sombras que la oscuridad devoró. El hombre que aceptó a esa mujer tuvo que darles su apellido a cambio de unas monedas.

El abandono de Manuela no era casual.

Josefa ya se le había metido en la cabeza y la calentura no lo dejaba ni a sol ni a sombra. Sus ojos incitantes, su boca carnosa, sus nalgas poderosas y su pecho abultado valían más que su viejo amancebamiento. Ella era joven, Manuela ya estaba madura y en las chichis comenzaban a marcársele las arrugas. Las reglas pronto se le irían y su deseo desaparecería para siempre. Dicen que a Josefa la penetró *contra natura*, que ningún hueco de su cuerpo quedó sin ser profanado, y que su padre, un carpintero sumido en la miseria, todo lo aguantaba con tal de no morirse de hambre ni ser condenado al Infierno por el cura solicitante.

Nada se sabe del destino final de Josefa, pero las lenguas que no conocen el sosiego aseguran que entregó su alma poco tiempo después de sus amoríos. Si el Diablo vino por ella o si el mal francés le arrebató la vida es algo que no está claro. Su rostro cubierto de bubas y supuraciones hediondas apenas puede ser un fantasma, un espectro que no conocerá la misericordia de Nuestro Señor.

Yo sólo vi de cerca a la que decían que era una de sus mujeres: Bibiana Lucero, que muchas veces llegó con él y su hijo a las tertulias de los Domínguez y los criollos que estaban cerca de nosotros. A pesar del mocoso que cargaba y berreaba, Hidalgo siempre la presentó como su amiga querida y mujer castísima, como una dama a la que le sobraban luces y que, por supuesto, todo lo sabía sobre las letras y las filosofías de este y todos los mundos. En un lugar donde los secretos sobraban, no había más remedio que guardar silencio delante de ella. Todos le sonreíamos e inclinábamos la cabeza en señal de respeto. Ya después, cuando se largaban, los chismes y las habladas se soltaban la lengua.

Bibiana nunca tomó la palabra, su inteligencia jamás nos deslumbró.

De lo único que estábamos seguros era del tamaño de su pecho y sus nalgas que no necesitaban ayudas para marcarse y desbordar sus ropas. ¿De dónde la sacó? No tengo idea. Ella llegó de quién sabe dónde y se quedó en Dolores para guiar el caballo del cura cuando ansiaba sus humedades, aunque, al final, el destino la alcanzó con furia.

Los pliegos que se llenaron de letras delante del inquisidor no tuvieron un buen destino. Hidalgo dijo que las palabras de los curas eran resultado de una broma sin consecuencia, apenas podían ser vistas como un pecadillo menor que había confesado para ser perdonado. A cualquiera que tomaba de más se le iba la lengua y ése era su atenuante. En el fondo, los tragos que se había bebido eran su único pecado. De sus mujeres poco dijo: todo lo que se murmuraba era infundios, palabras vanas que trataban de manchar su reputación como hombre de bien.

El Santo Oficio, tal vez influido por su hermano, apenas le dio un jalón de orejas y los papeles se guardaron sin que nadie se preocupara por seguir el caso.

Hidalgo sólo era uno más de los religiosos que rompían el celibato o que se pasaban el tiempo en los ruedos y las tertulias. Pero, cuando las matanzas y los saqueos se conocieron, los inquisidores desempolvaron sus páginas y el proceso se reanudó.

En menos de lo que canta un gallo lo conminaron a que se presentara delante de los jueces. Hidalgo los mandó al Diablo. Por eso ya sólo quedaba un camino: quemarlo en efigie antes de que el garrote le cortara la respiración y su cadáver ardiera con la cruz de san Andrés y el gorro amarillo de los culpables y los traidores.

14

Nuestra marcha era la misma. El gusano gordo era lento y las paradas no tenían remedio. El cura no se preocupaba ni se acongojaba, a cada paso que dábamos el número de muertos de hambre que se sumaban a su horda crecía. Mirar a los pueblerinos esqueléticos y con la ropa hecha jirones le llenaba el corazón. Le daban la oportunidad de mostrar su generosidad con las monedas que no eran suyas. Si esos zafios llegaban por las limosnas o por las ansias de rapiña era algo en lo que no valía la pena detenerse. Eran el pueblo inmaculado y él los llevaría al Cielo.

Los barbajanes siguieron llegando, y poco a poco comenzaron a notarse los idólatras pertinaces. Los flecheros que venían de un pueblo que estaba a mitad de la sierra tenían la herejía tatuada en la cara y los brazos. Estaban seguros de que la Virgen se le había aparecido a una de sus mujeres, que la madre de Dios le rogó que la adoraran en las barrancas y el cura del pueblo se hincara delante de ella y penetrara a la chamagosa que anunció el milagro. El sacerdote se negó a hacerlo y trató de sacarlos de sus necedades. Sus palabras eran claras, contundentes: la Virgen jamás se presentaría delante de una borracha perdida ni de una india empeyotada que tenía visiones endemoniadas.

No lo hubiera hecho.

La indiada lo castró, lo obligó a comerse sus partes y lo ató al árbol más grande para quemarlo. La lumbre no alcanzó a matarlo, pero en sus heridas se pararon las moscas que lo convirtieron en un amasijo negro que se tardó en entregar su alma por la pudrición que le comió la carne. Después de que el cura se fue de este mundo, comenzaron a degollar a sus gallinas para bañarse con su sangre y emprender la marcha para encontrarse con el sacerdote que hacía milagros. Estaban seguros de que Hidalgo tenía el mecate más largo del mundo y que jalaba a las nubes para obligarlas a llover donde se le pegaba la gana. Ninguno dudaba de que don Miguel podría abrir las aguas e invocar las pestes que arrasarían a sus enemigos.

Ellos no eran los únicos pecadores que llegaban. De otro pueblo vinieron los que asesinaron a su cura por no doblegarse ante el ermitaño que profetizaba la llegada del Montizón. El indio que los haría invulnerables y les abriría la puerta a las serpientes que los acompañarían en sus matanzas. Cuentan que desmembraron al sacerdote y lo devoraron para comulgar con su carne. Un indio ermitaño les ordenó que se lo tragaran y que, después de zurrar los restos del cura, tomaran el camino para encontrar al mesías enloquecido que los conduciría a la gloria.

Todos ésos, sin que nadie se atreviera a decir media palabra, se sumaron a los hijos de don Miguel, a quien no perturbaba el arrepentimiento.

Después de que peroraba delante de los gañanes y las almas perdidas, Hidalgo pedía su escribanía y se sentaba a llenar los pliegos que parecían infinitos. La navaja que afilaba su pluma podía perder el filo una y mil veces, pero sus letras no se detenían ni sentían el cansancio de sus fabulaciones.

Cada persona que llegaba de lejos se iba con uno de esos papeles donde la firma del cura ocupaba más de la mitad del pliego. Todos decían lo mismo: ninguno de los desconocidos se quedó sin un grado rimbombante y sin las órdenes de insurreccionar sus tierras. A don Miguel le daba lo mismo si tenían tropas o andaban solos por el mundo, si eran unos malvivientes o eran hombres de bien. Lo único que anhelaba era que el Reino ardiera y el alma de su hermano encontrara la paz que no tenía ni tendría. Esa y sus otras venganzas tenían que cumplirse.

Juan y yo preferíamos no acercarnos cuando firmaba los nombramientos que nada valían o que a veces invocaban a la muerte. Más de tres imbéciles creyeron en sus palabras y se encontraron con la calaca.

Fuera cual fuere su destino, la lejanía nos permitía ahorrarnos el entripado de ver a un don nadie con un rango idéntico a los nuestros.

Pero, en una ocasión, el cura bribón nos pidió que nos acercáramos.

Delante de él estaba un hombre amulatado, su cara estaba manchada con dos verrugas rasposas, y en la cabeza traía un paliacate amarrado del que se asomaban los chiquiadores que trataban de aliviar sus dolencias. Esa jaqueca sólo era la punta de la flecha que lo atormentaba. Las huellas negras que tenía en el rostro y los males que lo torturaban no eran una casualidad: su madre, cuando aún lo cargaba en su vientre, salió de su casa para mirar a la luna mientras era devorada por las sombras.

—José María fue mi discípulo en San Nicolás —nos habló orgulloso—, él no era como los otros que sólo mentían. La primera vez que se sinceró conmigo me dijo que sólo buscaba la sotana para ganarse el pan.

Con tal de no darle la mano, inclinamos un poco la cabeza para saludarlo.

—Véanlo, va a insurreccionar el sur y pronto tendrá un ejército más poderoso que el de Calleja o el de cualquier gachupín malparido.

Sin decir una palabra le sonreímos y nos largamos con el pretexto de que debíamos preparar la marcha.

Por más papeles que firmara y por más desharrapados que mandara a insurreccionar, las desgracias que nos perseguían estaban muy cerca. Flon había tomado Querétaro y la gente que aún estaba de nuestro lado ni siquiera tuvo un juicio sumarísimo. La denuncia de un vecino bastaba para que su final fuera igual a los que corrían por cuenta de los muertos de hambre que seguían a don Miguel. Los realistas asesinaban igual que nosotros. La guerra transformaba a las personas en seres abominables; pero ellas, sin que nada ni nadie las obligara, también eran capaces de convertir su existencia en algo horripilante.

Los gachupines de Querétaro nada le negaron a nuestro rival. Los hacendados le entregaron a muchos de sus peones para engrosar sus filas; los que tenían dinero, se lo dieron para que pudiera pagarle a la tropa, y todos le ofrecieron la mayor parte de las armas que tenían. Todos estaban sedientos de venganza.

La presencia de los realistas los llenaba de confianza, y casi de inmediato comenzaron a preparar la defensa de su ciudad. En las calles levantaron parapetos y en los caminos horadaron las zanjas que detendrían el avance de los alzados. Si nos atrevíamos a atacar Querétaro, la lucha sería casa por casa y los harapientos no aguantarían los combates.

Por más que quisiéramos pensar otra cosa, esa ciudad estaba perdida para siempre.

Las sombras que brotaban en Querétaro se volvieron más negras y se transformaron en garras y cuernos. Las tropas de Calleja se sumaron a las de Flon y comenzaron a seguir nuestros pasos, lo único que nos ayudaba eran los pocos hombres que desertaban y relataban lo que planeaban. Por ellos nos enteramos de lo que pasó en San Miguel: los mandamases de los realistas les soltaron la rienda a sus hombres para que saquearan la casa de Juan y la mía. Los hachazos destrozaron las puertas y nuestros muebles alimentaron las llamas.

Nada quedó de lo nuestro.

Dios sabe que mi difunta esposa no habría soportado esas visiones. Piadosa como era, se pudo ganar el Cielo antes de que yo perdiera mi alma. Y mis hijos, de no ser por la chichigua que los cuida cerca de mí, también habrían tenido un triste final. A todos los habrían tomado de las piernas para estrellarlos contra el suelo hasta que la cabeza se les rajara o los hubieran colgado del árbol más grande de la plaza para que todos vieran lo que les pasaría a los levantiscos.

Para los realistas era indudable que los hijos debían pagar los pecados de los padres y, al final, el destino también alcanzó a mi primogénito: Indalecio, un joven que ya se había dado con todas las de la ley, se la jugó conmigo y ahora está muerto.

Su bravura le costó la vida el día que nos traicionaron. Ojalá y Dios lo haya perdonado, su único pecado fue seguir a su padre en una cosa de locos.

En Dolores, la casa de Hidalgo tuvo el mismo final. Nada o casi nada quedó de ella. Los libros que tanto presumía fueron quemados y el colchón de sus pecados ardió junto con sus muebles y sus triques. Bibiana, la mujer que tanto le gustaba, también tuvo un destino infausto: los realistas la raparon, le arrancaron la ropa y la obligaron a arrastrarse mientras la gente la escupía y la pateaba. Su final es incierto: algunos dicen que murió a fuerza de golpes; otros cuentan que la encerraron en un convento y no faltan los que aseguran que perdió la razón y terminó encarcelada para siempre en San Hipólito. Su bastardo tampoco tuvo un buen final, los soldados de Calleja lo llevaron a un chiquero y lo amarraron después de rajarle la panza. El olor de su sangre atrajo a los marranos que lo devoraron.

El destino de esa mujer y su hijo sólo marcaba lo que debía ocurrirles a todos los que estuvieran cerca de nosotros. Calleja y Flon no estaban dispuestos al perdón, su guerra era a sangre y fuego.

Al principio, don Félix confiaba en su palabra y les entregaba una moneda por cada cadáver que le mentaban, pero la trampa se hizo presente y sus soldados comenzaron a desorejarlos para comprobar sus hazañas. Ahí andaban, con el puñal en la mano y una sarta de orejas colgándoles del cuello. Las víctimas eran el escarmiento definitivo y debían transformarse en el rumor que obligaba a la cobardía y la deserción al que sintiera la tentación del alzamiento. Los pueblos por los que pasaba fueron diezmados y sus hombres exigieron recompensas por las personas que se llevaran entre las patas. Todos los muertos debían tener un precio.

Nadie los criticaba ni los odiaba.

Los curas, cuando los veían llegar, salían de sus templos con sogas en el pescuezo y coronas de espinas para mostrarles a todos que Dios perdonaría las matanzas y los suplicios que provocaban los realistas.

15

Ahí estábamos, más por fuerza que por ganas. Por más que quisiera ignorarnos, las noticias de Calleja lo obligaron a vernos la cara. Los chismes y las exageraciones sólo espantaban a sus hijos.

—Los enemigos están cerca —nos dijo—, pero no creo que valga la pena enfrentarlos. ¿Para qué pelear una batalla sin importancia? Lo mejor que podemos hacer es avanzar hacia la capital del Reino. Ahí, cuando las campanas de la catedral anuncien nuestra victoria y el virrey cuelgue en la picota, todos se rendirán. El dueño de la Ciudad de México es el amo de todo.

Ninguno de los militares se atrevió a contradecirlo.

El anhelo de espantarles el miedo a sus hijos era más importante que la sensatez. Tal vez lo mejor hubiera sido que siguiera el mismo camino, pero con tal de frenarlo hice de tripas corazón.

—No lo creo —le dije sosteniéndole la mirada—, si tomamos la capital y pasa lo de siempre, Calleja nos rodeará y ninguno de nosotros ni de sus hijos sobrevivirá. Él no tendrá problemas para sitiarnos y nuestros días estarán contados.

El cura se puso una mano en el pecho con un dramatismo innecesario.

—¿Estás sugiriendo que huyamos?

—No, de ninguna manera —repuse sin ganas de echarme para atrás.

—¿Entonces?

—La situación es muy simple: debemos enfrentar a Calleja antes de que se haga más fuerte y luego podremos avanzar hacia la Ciudad de México sin miedo a que nos sitien. Sin los enemigos a nuestras espaldas lo que usted dice quizá sea cierto.

Con calma miré a cada uno de los oficiales.

Algunos asentían con un leve movimiento de cabeza, los demás mostraban su acuerdo con la mirada.

Juan Aldama tomó la palabra.

—Ignacio tiene razón —dijo—, tal vez lo mejor sea buscar un buen lugar para presentar batalla y prepararnos para enfrentar a los realistas.

El cura bribón se levantó de su silla.

Sus pasos lo llevaron delante del crucifijo que estaba en una de las paredes. Se besó los dedos y acarició los pies claveteados.

—Ustedes no entienden el valor de la Ciudad de México...

Sin pensar en las consecuencias, lo interrumpí.

—Tal vez, pero tampoco entendemos los juramentos de venganza ni los odios que nacen por la muerte de una puta y su bastardo. Lo que pasó en unas revolcadas no vale nuestras vidas.

Don Miguel me miró con odio. No esperaba que me atreviera a insinuar lo que me contó después de que descubrió su efigie en la hoguera, y menos esperaba que supiera los detalles de lo que ocurrió en Dolores.

Él tenía sus chismosos, yo tenía los míos y algunos estaban en las tropas de Calleja.

—Las venganzas están benditas por Dios —me respondió mientras intentaba mantener la compostura—, la de mis hijos, las suyas y las mías merecen las palmas del Cielo. ¿Acaso dudas de las palabras sagradas? No olvides el salmo que dice: "Dios de las venganzas, muéstrate".

Se sentó con calma con ganas de que los fuelles de su pecho recuperaran el ritmo.

—Gracias por estar de acuerdo conmigo —nos dijo con voz firme—, mañana avanzaremos hacia la capital del Reino.

La suerte estaba echada.

Cuando salimos apenas pude hablar con Aldama.

—Ya sólo nos queda un camino, cuando lleguemos a Acámbaro lo despojaremos del mando —le dije con la seguridad de que nadie más me escuchaba.

Juan me dio una palmada en la espalda y se fue para discutirlo con los demás oficiales.

16

Todo estaba listo. Mientras los soldados y sus oficiales avanzaban por la calle, yo sentía cómo la paz se acurrucaba en mi alma. A nada estábamos de que el cura perdiera el mando y la lucha recuperara el rumbo. El hecho de que los criollos mandáramos en estas tierras no era un asunto de saqueos ni violaciones, tampoco necesitaba que la plebe enloqueciera ni que los españoles colgaran de los árboles con las tripas de fuera.

Llegamos a la casa donde nos esperaba y las monturas quedaron en manos de nuestros hombres de confianza.

Las pistolas estaban listas y retacadas. Cada uno de sus plomos les arrancaría la vida a los rufianes del Torero. Por eso los habíamos templado con agua bendita.

Entramos con calma.

Nuestros pasos se oían fuertes, marciales.

Hidalgo nos esperaba sentado. Al vernos se levantó con prisa y abrió los brazos.

—¡Por fin llegaron mis hijos más valientes!, ¡mis hombres más fieles!

Sus palabras desentonaban con lo que estaba a nada de ocurrir.

Y, sin que nada ni nadie se atreviera a detenerlo, siguió hablando.

—Véanse —nos dijo con una solemnidad que jamás había tenido—, ustedes son el mejor ejemplo de la humildad... sólo después de escuchar mis ruegos aceptaron los ascensos. Yo estuve a punto de hincarme para que no se ofendieran por las monedas que les entregué como premio por su lealtad y su valentía.

Con una seña llamó al Torero y sus hombres.

Ellos llegaron cargados de bandas, casacas y borlas.

Uno a uno, nuestros aliados fueron dando un paso al frente para recibirlas. Todos le besaron la mano al cura y se hincaron para que los bendijera.

Juan y yo fuimos los únicos que nada recibimos.

Cuando terminó sus faramallas, Hidalgo me habló fuerte y claro.

—Salgamos, Ignacio... las tropas te esperan para que delante de ellas te entregue las insignias de capitán general.

Delante de mí se despojó de su sotana, el matasiete que siempre estaba a su lado lo ayudó a ponerse la casaca. Un tahalí negro le cruzaba el pecho y la gruesa placa de oro que tenía grabada la imagen de la Virgen de Guadalupe le colgaba del gañote.

—Ignacio, tú no fuiste el único que fue aclamado por mis hijos. Ellos me rogaron con lágrimas que aceptara ser su generalísimo. Y ya ves cómo soy de complaciente... por eso no me quedó más remedio que obedecerlos.

Llegamos ante los desharrapados. Según el cura, frente a nosotros estaban ochenta mil hombres dispuestos a luchar hasta la muerte hasta arrasar a los europeos y sus seguidores. El número podría ser cierto, pero ninguno aguantaría una batalla con todas las de la ley.

Mis ojos buscaban los de los oficiales que me juraron lealtad.

Ninguno pudo sostenerme la mirada; sin embargo, en unos instantes yo sería idéntico a ellos.

Don Miguel me obligó a recibir las borlas y el tahalí, la chaqueta con solapas encarnadas y un sable cuya funda desafiaba al sol con sus destellos.

No pude pronunciar una palabra. Su mano se apoyó en mi hombro y me presionó hasta que tuve que hincarme delante de él. Desafiarlo era imposible. Sin más ni más, trazó la cruz invertida sobre mi cabeza y los brutos gritaron e hicieron tronar sus fusiles.

Juan estaba a mi lado. Fue el único que no recibió un ascenso, su pecado jamás sería perdonado.

A esas alturas no podíamos negarnos. Nos sentamos a la larga mesa junto con Hidalgo y los traidores. Los músicos que rascaban las tripas de sus instrumentos pretendían que sus notas parecieran un jarabe. Sus voces aguardentosas repetían las décimas que ofendían las orejas y enlodaban a Nuestro Señor.

El Torero le entregó una botella a su patrón.

—Es para ti —me dijo—, el mejor aguardiente sólo puede ser para el mejor capitán general.

Le quité el corcho y lo puse junto a mi plato.

La mirada de Aldama presagiaba la desgracia.

Tomé un vaso y lo serví. En la orilla se formaron siete perlas tornasoladas.

—Éste es para usted, generalísimo —le dije a don Miguel y delante de él puse la bebida.

El cura se le quedó viendo.

—¿Es por amistad o es por miedo? —me preguntó.

—Es por la misma lealtad que usted y los oficiales me tienen.

Hidalgo levantó el vaso, olisqueó la bebida y le dio un largo trago.

—No sabe a veneno, el que lo trajo no es como los perros traidores que muerden la mano que les da de comer —comentó y me dio una palmada.

Los oficiales zapateaban con las criollas y las mulatas. Sus movimientos eran los de un gato a punto de aparearse. La fiesta seguía. El Torero se acercó al cura y algo le susurró al oído.

—Diles que pasen —le ordenó.

La pareja atravesó el salón con calma, Hidalgo medía sus pasos y se concentraba en el leve temblor de las tetas de la mujer.

Con una seña los invitó a sentarse.

—Él es el licenciado Rayón —me dijo— y esta finísima dama es su esposa.

Incliné la cabeza para saludarlos y seguí en silencio.

La mujer no pudo contener su palabrerío.

—Mi marido es un hombre sabio y los doctores de la universidad curvan el espinazo ante sus luces. Él me dijo que santa Teresa de Jesús profetizó que la calzada de Tacuba debía regarse con la sangre de los niños para borrar los pecados de la capital. La muerte de los hijos de los gachupines es lo único que puede salvarla de la ira de Dios.

Don Miguel estaba encantado con la mujer.

Las locas que se encandilaban con sus palabras le cuadraban en el alma.

—¿Es cierto esto? —le preguntó a Rayón.

—Bueno…

El cagatintas no pudo terminar sus palabras.

—Con estas recomendaciones no me queda más remedio que rogarle que permanezca a mi lado.

La cara de la lunática se iluminó con una sonrisa y sin vergüenza hizo más bajo su escote.

Hidalgo le tomó la mano y sus dedos le acariciaron la palma.

—Licenciado Rayón, su mujer y santa Teresa no pueden equivocarse —le ronroneó al recién llegado—, ¿quiere ser mi secretario?

El hombre le dijo que sí y el cura le sirvió un fajo de aguardiente.

—Es el mejor y no tiene veneno.

En ese momento había que comer sapos y yo los mastiqué sin hacer gestos.

17

Por favor, no la limpie, déjela correr sin atajarle el paso. Al mejor escribano se le cae la tinta. Vale más que la miremos para entender lo que pasaba en el corazón del Reino. El miedo que cundía era idéntico a esa mancha, su negrura se metía en las rajaduras más pequeñas y su avance sólo se detendría cuando los esqueletos se quedaran apiñados sin que nadie pudiera darles cristiana sepultura. Yo sé lo que les digo sin achacarle chifladuras a santa Teresa. Todo lo viví en carne propia, la mentira es el único pecado que no cargo en mi alma. El Todopoderoso me espera para juzgarme y no tiene caso cargar con más culpas.

Cada vez que hacíamos un alto, las voces del pánico llegaban a nuestros oídos para contarnos lo que pasaba. Aquí y allá, la gente derrumbaba los cerros y tumbaba los puentes. Si el agua corriente detiene a los posesos y los desbarrancaderos frenan a los diablos que se pisan la cola, ellos no tenían de otra más que darles gusto a los fierros y la pólvora. Si se quedaban arrinconados a mitad de la nada, eso era lo mejor que podía pasarles. Las tripas pegadas al lomo tal vez podrían alejar los relinchos de la guerra.

En otros lugares, los principales de los pueblos rogaban a las autoridades permiso para derribar los muros que detenían las grandes aguas. Un par de barriles de pólvora serían suficientes para anegar los caminos y las casas. Si eso pasaba, la plebe sedienta de sangre no podría entregarlos al fuego. Al fin y al cabo, la gente de bien huiría al monte mientras la horda del cura rondaba en las cercanías. Ellos no querían sumarse a la tropa, tampoco querían terminar ahorcados y con la lengua colgándoles hasta el pecho; sus mujeres también tenían claro lo que les sucedería cuando las atraparan los muertos de hambre. Largarse al cerro y comer quelites era mejor que perder la honra y entregar el alma con los pechos cortados.

La mancha prieta no sólo se teñía con el miedo, la ira también estaba en el tizne que se mezclaba en su consistencia pegajosa y avanzaba como un caballo cubierto de sudor y sangre. Ustedes saben que muchos curas empezaron a creerle a Hidalgo. En sus palabras hallaron la manera de cobrarse los agravios reales y los que imaginaban. A esos cabrestos, la voz de don Miguel les retumbaba en la oreja izquierda para decirles que podrían salvarse. Matar a otros era mejor que terminar delante de la Inquisición que castigaría sus tropelías y sus pecados.

Esos ensotanados llamaron a la indiada y a los gañanes, a los que vivían en los pueblos y a los que retacaban los cuartos de las vecindades que olían a orines añejos y sobaquina rancia. A todos les dieron garrotes y espadas, machetes y hondas, picas y flechas para que mataran a los peninsulares. Los cepos violados pagaron las armas y los primeros toneles con los que festejaron los crímenes que a nada estaban de cometer. Hasta donde les daban las entendederas, algunos comenzaron a entrenarlos para la matanza y, al final de sus acciones, se hincaban a rezar para que Dios hiciera llover la lumbre que achicharraría a los fuereños que profanaron a la Virgen de Guadalupe.

Esas plegarias de nada servían, todas tomaron otro rumbo.

Y, en las noches, cuando las lumbradas eran rescoldos, a sus campamentos llegaban las mujeres que los tentaban y les enseñaban las chichis y su parte. Muchos de esos levantiscos amanecieron muertos después de que hicieron sus cosas con las diablas que se comieron su alma.

Los bandoleros que no andaban con Hidalgo también se soltaron la rienda. Nadie podía perseguirlos, ninguno tenía manera de castigarlos, y se meaban de la risa cuando sus víctimas los amenazaban con denunciarlos. Esas palabras de nada valían y sólo invocaban la chunga. Las autoridades eran fantasmas que andaban a salto de mata. Los hombres con armas estaban de nuestro lado o engrosaban las tropas de Calleja; apenas unos pocos se quedaron en sus pueblos para tratar de resistir los ataques.

Si los malvados eran unos asesinos, si eran parte de la leperada que acompañaba a Hidalgo o si eran los realistas daba lo mismo. El mundo estaba de cabeza y la guadaña de la pálida no conocía el descanso. Todos estábamos marcados con el signo de la muerte que se asomaba en las laderas y las vueltas de los caminos.

El miedo y el odio eran los únicos dueños del mundo. Calleja y Flon jamás se detendrían aunque las banderas blancas llenaran el horizonte para rogar por la paz. Las palabras que llegaban a nuestros oídos y los hechos que veíamos en los caminos no podían ser puestos en duda. A ninguno de ellos le importaba que el virrey nos ofreciera su perdón. Eran la sombra que no se nos separaría, los nahuales que no se estarían quietos hasta que el hocico se les llenara de sangre y sus tropas destriparan a los alzados. Aunque nunca me lo dijo y ninguno de los suyos me lo contó, yo les puedo jurar por los clavos de la cruz de Cristo que don Félix estaba seguro de que la rebelión sólo se terminaría cuando tuviera en sus manos la cabeza de Hidalgo. Fusilarlo o ahorcarlo no bastaría para atreguar a las furias que le aullaban desde el Cielo. Los sueños negros no mienten, las voces que llegan del camposanto no engañan.

Yo lo soñé y lo supe cuando abrí los ojos. Para lograr la victoria, tendría que avanzar al frente de sus hombres mientras uno de sus soldados caminara a su lado con la pica en la que estaría clavada la cabeza del cura. La carne de su rostro tendría que convertirse en jirones y sus cuencas debían asomar vacías por los picotazos de los cuervos. Los graznidos que les brotaran del pico llegarían hasta el quemadero para contarle al Coludo sus horrores.

De su cuerpo nada quedaría, los carroñeros ya lo habrían devorado en un quiebre del camino. La carne de un chacal apenas podría ser alimento para los zopilotes, para los hijos de Lucifer que dejaron de ser pájaros blancos cuando quedaron malditos. Sólo sus manos mochas se conservarían sin heridas. Estarían guardadas en una caja con sal hasta que los sacerdotes las rasparan para borrarles las huellas de lo sagrado. Cuando la piel que tocó la hostia fuera arrancada, las quemarían delante de los fieles y sus cenizas las lanzarían a los cuatro vientos.

Calleja no podía cerrar los ojos delante de lo que le parecía verdadero.

Él podía jurar por todos los santos que, sin don Miguel, los pelafustanes y la indiada serían una nave al garete que no podría presentar una batalla digna de considerarse. La orfandad y el miedo terminarían por acollonarlos para siempre. La huida sería la única opción que les quedaría para conservar el alma y salvarse de los males que provoca el espanto. A cada paso que dieran, sus armas se quedarían tiradas en los caminos hasta que la tierra y la lluvia las transformaran en fierros oxidados. Y, cuando llegaran a sus pueblos, apenas podrían caminar con la mirada clavada en el suelo mientras rogaban que nadie los delatara.

Una sola voz bastaría para que pagaran las que debían.

Pero no sólo soñé y oí las palabras que los muertos murmuraban sobre Calleja. La suerte de mis soldados también estaba echada y avanzaba como esa mancha negra: después de algunos combates perdidos de antemano, terminaríamos derrotados por más cañones que tuviéramos. Las cuatro piezas que arrastrábamos desde Valladolid de nada servirían contra el poderío de Calleja y los peninsulares.

La posibilidad de convertirnos en un ejército estaba muerta. Hidalgo nos la había arrebatado antes de que naciera.

18

Aunque nunca pondríamos un pie en sus calles, en la capital se preparaban para enfrentarnos con un nuevo ejército. Calleja y Flon ya no eran los únicos que nos perseguían. La profecía de la que hablaba la mujer de Nacho Rayón jamás se cumpliría. La sangre no tiñó la calzada de Tacuba y Dios todavía meneaba sus dados para lanzarlos a la mesa del destino.

La mañana que Torcuato Trujillo salió al frente de sus tropas rumbo a Toluca, las esquirlas de la catedral chocaron contra los bronces y en las esquinas se miraban los pliegos que el virrey mandó pegar. El olor a podrido que les brotaba por los brochazos de cola eran las loas a Trujillo, y sus palabras se entrelazaban con las maldiciones que nos ganamos a pulso.

El combate estaba anunciado. Sólo faltaba que Dios tirara los dados para saber quién sería el vencedor.

Aldama y yo lo conocíamos de tiempo. Trujillo también estuvo en las cercanías de Veracruz cuando esperábamos el ataque que no ocurrió. Para todos estaba claro que no era criollo y tampoco necesitaba arquear el lomo para llenarse de galones y borlas. Su valentía estaba calada. Allá, en España, don Torcuato se enfrentó a las tropas del corso en una de las batallas definitivas. Vayan ustedes a saber si esto es cierto, pero muchos juraban que no era poca cosa acorralar al tal Bonaparte.

Nuestras diferencias estaban a la vista de todos.

El temperamento nos separaba y lo mismo ocurría con la leche que nos amamantó: cuando Trujillo estaba recién parido, su boca se colmó con la que brotaba de los pechos blancos y que a ratos se azulaba por su claridad; en cambio, las nuestras se alimentaron de unas tetas morenas o mulatas. En este Reino, por pobre que sea, ninguna española se alquila como chichihua.

Trujillo llegó a Toluca y sus exploradores comenzaron a mirarnos desde lejos. Por más que mis hombres se aprestaban para perseguirlos y enfrentarlos, les ordenaba que no se treparan en sus monturas. Valía más dejarlos ir sin que nuestras espuelas se clavaran en los ijares. Las palabras que llegarían a los oídos de su comandante le llenarían el seso con las imágenes de una multitud, de miles y miles de malvivientes que estaban dispuestos a la matanza.

Si esto era o no era verdad, me importaba un bledo. De algo tenían que servir los hombres del cura. Eran una presencia que podría intimidar a los pocos cientos de realistas que aún no tenían cañones para enfrentarnos. Ustedes entienden lo que pasaba: no es que fuéramos machos, sólo éramos muchos.

En muy poco tiempo, don Torcuato abandonó la ciudad. Lo mejor era retirarse y dejar a los toluqueños en manos del Cielo. Sin pensarlo dos veces, muchos europeos se sumaron a su columna, las monedas de las cajas reales y los templos se guardaron en los cofres que cargaron en los carretones protegidos por sus soldados. Esa noche ni siquiera prendieron antorchas para aluzarse. La serpiente de fuego que marcarían sus pasos los delataría, y ellos caerían en manos de los palurdos.

En su andar, Trujillo destruyó algunos puentes.

Quería que avanzáramos por el camino indicado. Con tal de lograrlo aguantó tiroteos y escaramuzas, los pocos soldados que perdió valían la pena. Pero, por más que se quebrara la cabeza para adivinar y forzar nuestros movimientos, don Torcuato no sabía que su mejor aliado era el cura. Hidalgo estaba dispuesto a jugar y apostar con las cartas marcadas por sus enemigos. Por más que le insistíamos, su necedad lo obligaba a seguirle los pasos, a adentrarse en las rutas que desembocarían en una ratonera.

La batalla no podía ocurrir en cualquier lugar.

Trujillo tenía que elegir el terreno perfecto, el sitio que le daría ventaja sobre la plebe leperuza que desbordaba los cerros.

Don Miguel decía que los hechos le daban la razón. Toluca se rindió sin necesidad de tiros y cañonazos. Ese día ni siquiera hubo necesidad de que nos sentáramos a discutir sobre las condiciones que nos abrirían sus puertas. A esas alturas, todos sabían que, dijeran lo que dijeran, los acuerdos de paz nada valían. El alma veleidosa del cura podía mandarlos al carajo en cualquier momento.

Los pocos principales que no huyeron con Trujillo prefirieron hincarse y recibir a Hidalgo como si fuera un enviado de la divinidad. Ésa era la única carta que les quedaba en el mazo y a ella apostaron su resto. A mí no me consta, pero podría jurar sobre las Sagradas Escrituras que esa mañana se colgaron en el pescuezo todos los amuletos que tenían a su alcance.

Los hilos y las cadenas que entrelazaban los escapularios, las cruces y las reliquias apenas podían ahuyentar el miedo a lo que podría suceder.

Cuando el caballo de don Miguel llegó a la entrada de la ciudad, lo cubrieron con un palio para que el sol no le molestara en su andar. La sombra de la muerte ocultaba su alma de garras y colmillos. Los cuatro sacerdotes que lo sostenían rezaban para rogarle al Cielo por su triunfo. La vergüenza de la traición les pesaba menos que el miedo a la escabechina.

Yo sólo podía mirarle la espalda, nadie tenía los tamaños para marchar a su lado.

Hidalgo era el amo y señor, el dueño de las vidas, el único que podía dar el perdón.

La gente, sin que nadie se lo pidiera ni se lo ordenara, comenzó a entonar las mismas plegarias que los sacerdotes que custodiaban a Hidalgo. Sin embargo, poco a poco, las palabras de Fátima terminaron por imponerse y trocaron en un murmullo, en un deseo que se cumpliría por obra de un milagro: "Oh Jesús mío, perdona nuestros pecados, líbranos del fuego del Infierno, lleva al Cielo a todas las almas, especialmente a las más necesitadas de tu misericordia".

Dios sabe que no miento: cada una de esas voces revelaba el destino que esperaban si algo salía mal.

A cada paso que dábamos los templos se sumaban a los repiques.

Y, en el momento en que nos detuvimos delante de la catedral, la gente se formó para besarle la mano. La fila era larga, larguísima. Ahí estaban los gachupines que no pudieron largarse, los criollos que a ratos se sentían casi seguros, los mulatos que mandaron al Diablo a sus patrones, los mestizos de color quebrado y la chusma que anhelaba lo que jamás tendría.

El solemnísimo *Te Deum* tuvo que retrasarse varias veces hasta que don Miguel se sintió satisfecho con las reverencias. Todos los blancos y los prietos querían que la bendición del cura los protegiera de sus hombres o les perdonara sus pecados imaginados.

—Los toluqueños sí saben cómo recibir al que todo lo puede, al que es más que cualquiera —me dijo después de que nos instalamos en una de las casas que abandonaron los europeos.

No supe qué contestarle.

Lo mejor era que tomara una copa y le sirviera un fajo del jerez que estaba a su lado.

El leve temblor de mis manos derramó unas pocas gotas sobre el mueble.

Nada hice para limpiarlas. La servilleta deshilada no merecía ser manchada. De todos modos, el brillo de la madera se perdería para siempre y quedaría marcada por mis dudas y mis silencios.

—Dame una, seguro que ese jerez no está envenenado —me pidió con burla.

Le entregué el trago. Él alzó la copa con unos modales perfectamente calculados.

Estábamos solos.

—¿Y si el miedo fuera lo único que los mueve? —le pregunté.

Mis palabras querían llamarlo a la sensatez, pero apenas me miró un instante y la sorna de siempre volvió a su rostro.

—Es mejor que me teman —murmuró—, yo no deseo que me quieran… a mí me basta con que me complazcan, para eso me sirven los hombres y las mujeres.

19

Apenas pasamos una noche en Toluca a Hidalgo le urgía tomar la Ciudad de México e instaurar su reinado sobre vivos y muertos. Él se soñaba como el señor de las calaveras, como el amo de la muerte y el rey de las venganzas. Las noticias sobre el movimiento de las tropas de Trujillo no le aguaban las ansias de revancha. La certeza de que los realistas apenas sumaban unos cientos y que sus hijos eran miles le bastaba para sentirse seguro. Ochenta contra uno era una cantidad que le hinchaba el pecho como si fuera una bestia en celo. Por más plomo que vomitaran las armas de los enemigos no podrían detener la embestida que les arrancaría la vida a garrotazos y tajos.

El cura estaba seguro de que los zafios se dejarían matar y matarían por una sola causa: cuando la capital del Reino cayera en sus manos, tendrían la rienda suelta para saqueo. La bacanal que los esperaba era suficiente para que todo lo sufrieran sin murmurar una protesta y que sus muertos se quedaran a mitad de la nada y sin que nadie les rezara la última letanía. En esos momentos, Hidalgo confiaba en que éramos invencibles.

Sólo Juan y yo teníamos telarañas en la cabeza: don Torcuato no se rendiría y seguro que nos esperaría en el lugar preciso.

Nos fuimos. Toluca no fue profanada por los buenos hijos de Hidalgo. El recibimiento y el infinito besamanos bastaron para que su orgullo lo obligara a mantenerlos sosiegos. Pero, cuando las herraduras de nuestros caballos se volvieron un polvo lejano, el tigre sacó las garras y comenzó a gruñir sin que nadie pudiera detenerlo.

Los curas que andaban embelesados con don Miguel salieron de sus templos y les gritaban a los muertos de hambre mientras se arañaban la cara, se jalaban las greñas y se rasgaban la sotana. Según ellos, Hidalgo era el nuevo Cristo, un Jesús más poderoso que podía juntar a los desgreñados y llenar todas las plazas para revelarles el Evangelio del porvenir.

Esos sacerdotes estaban locos sin que los astros les alebrestaran los humores y los convirtieran en una marea ingobernable.

—¡Ellos les arrebatan el pan de sus manos! —aullaba uno de los curas mientras señalaba las casas de los gachupines.

—¡Los pobres son los únicos hijos de Dios y son los dueños de todo! —chillaba otro mientras con un puñal se rajaba el costado para sentirse herido por la lanza de Longinos y mostrar que un cilicio no bastaba para marcar su nuevo pacto.

—¡La Guadalupana los protege! ¡Matar a los diablos no es pecado! —bramaba uno más al tiempo que bendecía a los mugrosos que lo rodeaban.

La leperada no se hizo del rogar.

El saqueo se inició mientras los ensotanados vociferaban.

Las palabras de los curas eran el perdón para sus acciones. Dios recibiría a los criminales con los brazos abiertos después de que asesinaran a sus pastores.

La plebe no distinguió condiciones.

La ropa limpia bastaba para que se lanzaran en contra de cualquiera que se les atravesara.

A todos los golpearon y los patearon, a todas las desnudaron y a jalones les arrancaron el pelo. Al final, cuando sus víctimas ya eran idénticas a un Santo Cristo, se orinaron sobre ellas y les concedieron la gracia del degüello.

No hizo falta que nadie me dijera nada.

Antes de que llegara el primer mensajero de Toluca, las columnas de humo que se miraban en la lejanía me revelaron la matanza.

Pero, por más que lo deseara, no pude jalar la brida y mi sable permaneció en su vaina. Dar marcha atrás era imposible. Trujillo estaba cerca, lo único que podía hacer era evitar la desgracia que nos esperaba entre los cerros.

20

Después de dos jornadas atrabancadas llegamos al lugar donde Trujillo nos esperaba. Su nombre era un mal augurio, un presagio de la desgracia. Delante de nosotros se miraba la ladera del monte. La tierra empinada estaba cubierta con las cruces que señalaban las muertes de los viajeros que cayeron en manos de los bandoleros. Ahí estaban los hombres degollados, los esqueletos de las mujeres profanadas que terminaron sus días con un machetazo en la cabeza, los niños que enterraron vivos para ahogar sus gritos. Y, en el mero fondo de las tumbas que rascaban las bestias para devorar los cadáveres, se hallaban las almas que rogaban por la justicia que nunca podíamos darles. Los alzados apenas nos distinguíamos de sus asesinos. Ese día, los espectros también serían nuestros enemigos y pronto brotarían de las fosas para vengarse.

El momento de la verdad había llegado.

Nunca antes nos habíamos enfrentado a una fuerza en una batalla campal. Los soldados de Trujillo no eran como los hombres de Riaño que se metieron en una ratonera.

Las tropas realistas estaban dispuestas.

El viento muerto no ondeaba en sus banderas. El amarillo y el colorado se escurrían en las picas que las sostenían. El único estandarte que mostraba su imagen era el de Nuestra Señora de los Remedios. La madre de Cristo también lucharía y se enfrentaría a la Guadalupana. El corazón de Dios estaba dividido y tenía que decidirse por uno de sus trozos.

La línea de las tropas de don Torcuato era perfecta. Ninguno se movía, todos tenían la vista al frente y las manos sin temblorinas. Sólo esperaban la orden de su comandante para lanzarse a la carga.

Los miré con mi largavista. A los pocos soldados que salieron de la Ciudad de México se habían sumado los mulatos y la peonada de las haciendas cercanas. Todos tenían un arma y estaban decididos a jugarse la vida. Trujillo se adivinaba sereno. Las plumas de su bicornio estaban quietas y su mano nos señalaba con parsimonia.

Su índice era de fuego y siempre apuntaba a nuestras flaquezas.

Sin embargo, Aldama y yo estábamos seguros de que, en el peor de los casos, los que nos esperaban apenas eran poco más de dos mil almas. La ventaja de la muchedumbre aún era nuestra, pero no bastaba para decidir la batalla.

La plebe del cura estaba callada, los alaridos de costumbre no podían brotar de sus gañotes. El miedo los tenía agarrados de los tompiates.

Era una mala señal.

Nos acercamos al lugar donde estaba Hidalgo.

—Están listos —le dije.

—Pues qué esperamos —me respondió con el ceño fruncido.

Juan movió la cabeza para remarcar su negativa.

—Las cosas no serán fáciles —le señalé con seguridad—, la mayoría de los hombres de Trujillo son soldados y ya están calados. Lo mejor es que sus hijos se quedan en la retaguardia y avancen después de que los enfrentemos. Tenemos que evitar la matanza. Entiéndalo, nos estamos jugando el todo por el todo...

La fuerza de mis palabras me sorprendió. Querían obligarlo a dar un golpe de timón en el último instante.

Don Miguel me miró con ojos de puñal.

—¿Quieres arrebatarle el triunfo al pueblo bueno? ¿Tu soberbia es tan grande que no eres capaz de compartir la victoria con nadie? —me preguntó sin ganas de contener la ira.

No era el momento para comenzar una disputa que a nada nos llevaría, pero tampoco era el tiempo en que podía permitirse una carnicería.

—Sólo quiero que no seamos derrotados —le respondí con la marcialidad que me quedaba en el cuerpo.

Sin decirnos una palabra se fue caminando hacia el lugar donde estaban los muertos de hambre. Sus gritos y sus falsos rezos los llenaron de lumbre, y sin más ni más comenzaron a avanzar hacia las tropas de Trujillo.

Hidalgo apenas los acompañó unos cuantos pasos.

Su vida valía más que la de miles de harapientos.

Empezamos a prepararnos para dar una batalla sin orden ni concierto. Los soldados nos colocamos a los lados de la plebe. Ya Dios diría lo que podríamos hacer.

Sin que mediara una orden, la horda se lanzó en contra de los realistas. Todos corrían y en sus manos se miraban los machetes, los garrotes y las picas. Sus aullidos eran tan fuertes que amenazaban con silenciar los estallidos y los truenos. Pero, cuando miré lo que ocurría en las líneas enemigas, apenas tuve tiempo para contener a mis hombres. Los realistas comenzaron a empujar los cañones que tenían ocultos y que recién les llegaron de la capital. Sus bocas estaban retacadas de muerte. Después de una plegaria les acercaron las antorchas a las mechas.

Las explosiones y la metralla despedazaron a los pobres diablos que iban al frente y, mientras volvían a retacarlos con fierros retorcidos y clavos, los fusiles vomitaron plomo. Por más que fueran, los piojosos no podían acercarse a los hombres de Trujillo. El fuego, las balas y los trozos de hierro los diezmaban. Los realistas no estaban dispuestos a retirarse.

El miedo a la calaca les mordió el corazón y comenzaron a huir.

No lo hubieran hecho. El Sabelotodo ordenó que nuestros cañones abrieran fuego.

Los tronidos de ambos bandos no tenían sosiego. La muchedumbre quedó atrapada y el rocío se transformó en un lodazal ensangrentado.

Los miserables estaban cercados por el fuego y la muerte.

Antes de que Martínez pudiera darse cuenta de su metida de pata, el campo quedó cubierto de cadáveres y cuerpos mutilados. La puntería no era una de las virtudes de ese imbécil y ninguna de las balas tocó a los hombres de Trujillo.

La muerte se relamía los dientes mientras sus manos descarnadas les retorcía la carne a los heridos. De nada servía que gritaran, que invocaran a los Cielos para que alguien se apiadara y les diera un plomazo en la cabeza o les remendara el brazo que apenas les colgaba de un trozo de piel. Los espectros empezaron a brotar de sus tumbas y mordían a los caídos, por más que trataran de arrastrarse las fauces del más allá los tenían atrapados.

Todo estaba perdido y nadie podía detener a los que huían.

Muchos de los que ahí estaban antes de que tronara el primer cañonazo empezaron a correr para cualquier lugar mientras sus mujeres trataban de alcanzarlos con sus hijos colgándoles de la espalda o encajados en la cintura. Los ojos de serpiente que tenían cuando llegaban a los pueblos indefensos estaban ciegos.

En su lugar apenas se miraban dos puntos fruncidos por la caricia de la pálida.

El primer encontronazo terminó en una matanza. A esas alturas no me quedaba más remedio que mandar al cura al carajo. Delante de nosotros sólo había pasado lo que tenía que ocurrir. La chusma estaba despedazada. Sin decirle nada a Hidalgo, mandé a un mensajero para que se apalabrara con Trujillo. La bandera blanca y los recuerdos de Veracruz quizá le ablandarían el alma y le permitirían a mi hombre cruzar sus filas, aunque —a la hora de la verdad— la escabechina fue lo único que le abrió el paso.

Don Torcuato tenía la victoria en la bolsa. La ventaja de la muchedumbre se había terminado.

A pesar de esto le ofrecí el toro y el moro con tal de que abandonara sus lealtades y se sumara a nuestro bando. Sin embargo, su respuesta no me importaba. Jamás aceptaría la montaña de plata que sólo existía en mis palabras.

A fin de cuentas, lo único que necesitaba era un poco de tiempo.

Mientras los cañones realistas estaban mudos, me interné en el bosque para atacarlo. De frente no podríamos derrotarlo. Nuestra única posibilidad era la sorpresa, la puñalada por la espalda.

Cuando el mensajero volvió, el grito de guerra de mis soldados resquebrajó el cerro. Nuestra carga estaba marcada por la desesperación de salvar la vida y arrebatarles la victoria.

Casi los sorprendimos, apenas algunos lograron dar media vuelta para comenzar a disparar contra nosotros.

Mi caballo no llegó tan lejos como lo hubiera deseado, los plomazos lo cubrieron de sangre hasta que se desplomó después de su último relincho.

El testerazo no me hirió. Me levanté sin tratar de limpiarme el lodo y seguí avanzando con la infantería. Pasara lo que pasara no podía abandonarlos.

Después del primer disparo, las bayonetas transformaron los fusiles en lanzas. Los sables y los puñales también llegaron a las manos.

Nuestra mirada chocaba con los ojos de los enemigos y la ropa se nos pegaba al cuerpo por la sangre que nos salpicaba y el sudor que la embarraba. Ahí estábamos, revolcándonos como animales, apretándole el cogote a los rivales, empujando con desesperación el filo que debíamos clavarles en el pecho.

Nadie gritaba para alentar a las tropas, las grandes voces apenas brotaban de los que caían para morir o de los heridos que eran abandonados a su suerte. Satán nos poseía y los estandartes de las vírgenes se oscurecían.

Mientras nos matábamos sin piedad, mis hombres lograron organizar a la plebe para que volviera a cargar. Ya no podían tenerles miedo a los cañonazos ni a la metralla, a las descargas de los fusiles ni a los soldados que no romperían la línea de combate. La leperada volvía a tener la ventaja.

Trujillo se dio cuenta de que no tenía fuerzas para pelear en dos frentes. A pesar de esto, algo de daño les hizo a los barbajanes gracias a los fusileros que le permitieron retirarse.

No lo perseguimos.

Las bajas eran demasiadas y la pólvora se estaba acabando. Lo mejor era dejarlo y que las voces de la derrota nos abrieran las puertas de la capital.

Don Torcuato y sus hombres se perdieron en la espesura. Cuando volvimos, la sorpresa no nos dio en la cara. El cura collón se escondió mientras nos jugábamos la vida. Allá, lejos de la batalla y cubierto por una arboleda, se agazapó mientras el Torero y sus rufianes lo cuidaban y sostenían las riendas del caballo que lo ayudaría a huir si la fortuna nos negaba la victoria.

El paso de su montura era lento.

A pesar de que durante todo el combate tuvo las nalgas fruncidas, Hidalgo quería que los gañanes lo vieran con un sable en la mano. Costara lo que costara, tenía que mostrarse como el guerrero invencible, como el gran militar que era capaz de barrer a los realistas.

Al llegar al lugar de los muertos jaló la brida y comenzó a hablarnos sin desmontar.

—Te equivocaste —me dijo—, mis hijos nos dieron la victoria.

No le respondí.

Cuando estaba a nada de largarme para ver a mis soldados, volvió a tomar la palabra.

—Nosotros no somos salvajes… que mis hijos y tus soldados se encarguen de darles sepultura a los caídos. Por favor, no llames a los hombres del Torero… ellos están ocupados en otras cosas más importantes.

Asentí con un movimiento de cabeza.

—Da las órdenes para que esto se cumpla —le dije a Aldama y me largué sin despedirme.

El monte empezó a recibir las nuevas sepulturas. Ningún cuerpo fue enterrado sin ser profanado. Los salvajes hurgaban en las bolsas de los cadáveres para robarse lo que tuvieran. A muchos los desnudaron y los descalzaron con tal de quedarse con los trapos ensangrentados y las botas rajadas.

Las tilmas desgarradas comenzaron a ocultarse bajo las chaquetas de los dragones y los soldados de infantería. Ningún piojoso quedó fuera de la rapiña. Las mujeres desgreñadas arrancaban los botones brillosos y se peleaban por una moneda de cobre o un guardapelo que les encandilaba la mirada, los niños con la piel resquebrajada por la mugre también entraban a las fosas para terminar de robar a los caídos…

Hidalgo nada les dijo y nada impidió.

El pueblo bueno tenía su botín y él acariciaba el suyo.

Las armas que los soldados de Trujillo dejaron abandonadas junto con la pólvora y los cañones que se quedaron en el campo de batalla fueron a dar a manos del Torero y Martínez. A nosotros no nos tocaría un grano para los fusiles.

Aunque jamás lo hubiera dicho, la traición estaba a punto de alcanzarnos.

A pesar de su manga ancha, Hidalgo se equivocó de todas, todas. Cuando las paladas comenzaron a terminarse, muchos de sus hijos tomaron el mismo rumbo de los que huyeron en la batalla. Mientras el sol enfundaba sus rayos, la muchedumbre empequeñeció, y al llegar la noche, sus huaraches llenaron los caminos que los alejaban de don Miguel. Los demasiados muertos eran una advertencia que no se les salía de la cabeza. Y, para colmo de las desgracias, muchos comenzaron a perder la fe en los poderes y los milagros de la Guadalupana. La Virgen de los Remedios estaba del lado de los realistas y su santuario nunca caería en manos del cura.

No todos se largaron.

En la oscuridad que envolvía al campamento se prendieron las hogueras.

Hidalgo no los detuvo, los pelagatos mataron muchas vacas, ovejas y cerdos.

Yo vi cómo se acercaban a los animales, cómo los golpeaban y los herían hasta que caían. Esa vez, uno de sus escuincles le jaló la lengua a una vaca y se la mochó con un puñal. Las manos no le temblaron cuando la amarró con un mecate y se fue jalándola como si fuera su juguete. Es más, el cura tampoco trató de frenarlos cuando se acercaron a los toneles de aguardiente que estaban en la retaguardia.

—La victoria tiene que celebrarse —les dijo antes de bendecirlos.

Todos se emborracharon y las voces arrastradas empezaron a cantar el alabado por las almas que se fueron al Infierno.

La incesante repetición del cántico llegaba a mi tienda como si fuera el ruido de las cigarras.

Juan se acercó y se sentó a mi lado.

—¿Todo bien? —me preguntó.

Yo le di una palmada en el brazo.

—Esta vez no me enchuequé la nariz.

Aldama sonrió con franqueza. Él sabía de lo que hablaba.

21

Juan y yo nos conocemos desde niños. Allá, en San Miguel, nuestros destinos se cruzaron sin que nadie pudiera imaginar su desenlace. Cualquiera que nos mirara habría podido jurar que no seríamos distintos de los otros varones de nuestra parentela. La muerte con el paredón a nuestra espalda y los ojos vendados no tenía manera de pasarles por la cabeza. Ellos sólo tenían un mundo que estaba trazado en los mapas que conocían desde siempre: los Allende y los Aldama eran familias casi distinguidas y las dos teníamos una singladura precisa. Un paso de más o uno de menos, un amorío que empañara el matrimonio o la viudez temprana eran esperables, pero lo que hicimos... ¿Qué más puedo decirles de eso? El señor escribano llena pliegos y pliegos mientras que trato de alejar el punto final.

A estas alturas no importa lo que hice. Ustedes se adueñarán de mis hechos y los cambiarán a su gusto cuando el legajo esté completo; pero yo necesito que quede claro que no éramos unos pelagatos. Nuestra sangre tenía un color distinto de la que corría por las venas del pueblo bueno que mataba por órdenes del cura que se soñaba como el nuevo Cristo.

Mi padre llegó de España para casarse con una buena señorita que le ofreció una dote digna de ser considerada. Las monedas, las tierras y un puñado de esclavos eran una buena razón para treparse en una nave y cruzar el mar para encontrarse con la mujer que nunca había visto. A él no le importaba que el reflejo de esa plata no ensombreciera el sol ni formara los caminos que iban de la casa de la novia al altar.

Las cosas eran claras y no podían ocultarse: mi abuelo tenía que pagar la dote de sus sobradas hijas. Por eso no buscó a ningún gachupín que viviera en estas tierras, los matrimonios que se arreglaban del otro lado del mar eran más baratos. La historia de los Aldama era la misma o casi la misma.

Hasta donde me alcanza la memoria, estoy cierto de que nuestra vida era desahogada. A la larga mesa no sólo nos sentábamos los Allende, ahí también miraban a los más pudientes de San Miguel. Todos los blasones y toda la decencia estaban en esa tabla. Pero, cuando mi padre murió, las cosas cambiaron, el mundo quedó patas arriba. Ninguno de mis hermanos tenía edad para recibir su herencia y los bienes quedaron en manos de don Domingo.

Él sólo tenía que cuidarla unos años para que pudiéramos disfrutarla y vivir como la gente decente. Pero no lo hizo. A fuerza de malos negocios y peores manejos, el dinero se volvió agua y mis hermanas quedaron obligadas a buscar un hombre de buena sangre que las aceptara con una dote minúscula; nosotros —los varones— no tuvimos más remedio que agenciarnos los trabajos que nos permitieran mantener las apariencias sin tener que arrastrar el apellido.

Los Allende no podíamos andar por el mundo con una mano adelante y la otra por detrás.

De no ser por un tío, el hambre y la miseria se habrían metido por la ventana aunque le cerráramos la puerta. Dios guarde a ese hombre generoso que nos permitió fingir lo que no éramos.

Aldama y yo nos volvimos inseparables desde que entramos al colegio donde un pobre cura se hacía las cruces para que las letras nos entraran en la cabeza. Y, cuando lo derrotamos, no le quedó de otra más que darle gusto a la vara de membrillo. A pesar de sus afanes y los verdugones que nos labraron el cuero, fracasó por completo: lo nuestro no eran los libros ni las disertaciones. Ustedes lo saben bien, eso es cosa de sacerdotes y licenciados. Ni Juan ni yo teníamos seso para los latines y los renglones derechos.

Por eso, cuando el vello comenzó a notársenos en el cuerpo, a todos les quedó claro lo que de verdad nos importaba: el juego y las fiestas, los caballos y los toros. Esos lances, junto con las mujeres que se deslumbraban con nuestra valentía, eran lo único que de verdad nos jalaba. Las tetas tienen más fuerza que los bueyes y las letras.

En una de esas lides me gané la chuecura de la nariz, el toro que estaba coleando me arrastró con todo y caballo. Tan dura estuvo la revolcada que mi cara terminó estrellándose contra una piedra. Esa vez me quedé privado y después me levanté como si nada. Yo no era como el cura bribón que posaba de matador y se ganaba los aplausos a fuerza de chínguere. Pero ése no fue el peor accidente que me atrapó: en un jaripeo, los caballos y los toros me pasaron por encima. Los que me vieron dicen que quedé como Santo Cristo.

Nadie creía que viviría para contarlo. El matasanos de San Miguel apenas pudo decir que estaba en manos de Nuestro Señor y que, si bien me iba, quedaría tan retorcido como un garabato. Pero mi familia llamó al pulsero que me tentó las venas para curarme. El espanto era el dueño de mi alma y ese hombre mandó traer tierra del lugar donde me di el fregadazo. Cuentan que la puso al lado de mi cama y la rodeó con las velas que ofrendaban a Dios, a los muertos y a la Virgen. Después se echó un buche de aguardiente y me lo escupió en la cara para que jalara aire y el alma me volviera al cuerpo.

Tuve suerte, mi ánima regresó del lugar del espanto y el agua que pusieron al lado de mi cabeza no se puso colorada ni prieta.

Mis parientes no tuvieron que llamar al azotamuertos para que le diera de chicotazos al espanto hasta que se saliera de mi carne. Ese día, la cuarta y la fusta no llegaron a la casa. Los que insistieron en traer al cura para que me dibujara la cruz en la frente y los que fueron por el escribano para que dictara mi última voluntad se equivocaron.

Y ya ven, aquí estoy y la pálida sólo me encontrará parado delante de los fusiles.

No me miren de esa manera, no estoy en condiciones de ocultarles nada. Sí, a mí también me sobraron amoríos, pero dense cuenta de una sola cosa: yo no soy un cura y jamás le ofrecí al Todopoderoso quedarme célibe hasta que la muerte me alcanzara. No prometí nada que no cumpliera, aunque el tiempo y las andanzas me separaron de mi sangre. Sólo Dios sabe dónde están algunos de mis hijos, pero los que me acompañaban ya pagaron por mis pecados: Indalecio entregó su alma el mismo día que nos capturaron y los otros tendrán un mal destino si nadie mete las manos para borrarles mi nombre. Mis crímenes se les quedarán grabados y serán peores que los perros que andan por los pueblos con el costillar marcado.

¿Para qué se lo niego? A mí me gustaban las mujeres y con ninguna quedé mal parado.

Es más, las que me montaban para vencerme terminaban rendidas. Yo tenía mi secreto, una mulata me dio el talismán para que nunca me ganaran: los zorrillos tienen el pito de hueso y por eso siempre lo tienen tieso. Ella mató a uno y me entregó su hueso, sólo tenía que ponérmelo debajo de la lengua para satisfacer a cualquiera. Pero no crean que podía usarlo mucho tiempo, los que se lo dejan para siempre pierden la cabeza y se mueren por la sangre que se les pudre en el miembro.

No todas mis mujeres fueron humedades y calenturas.

Dos veces intenté tomar el buen camino, y dos veces el Altísimo me cortó el paso.

La prima de don Narciso se me metió en los ojos sin que me importara que él fuera mi superior en el regimiento. Esa vez quería hacer las cosas como Dios manda. No podía robármela como si fuera una mulata o una criada de color quebrado, a como diera lugar tenía que conseguir el sí de los suyos y, si era necesario, negociaría el monto de su dote. Lo que yo tenía no era mucho, pero bastaba y sobraba para mantenerla sin que el Jesús le llegara a la boca.

Cuando hablé con don Chicho me quedó claro que me despreciaba: la fama de enamorado era una mancha que no podía lavarme. Ninguna de mis promesas era digna de tomarse en cuenta.

Al principio, se contentó con atrasar y retrasar el permiso que necesitaba para casarme. Su firma, junto con las del virrey y el rey, se convirtieron en un imposible que se llenaría de telarañas en su escribanía. A lo mejor don Chicho quería que me largara de la milicia, que pidiera mi baja y me quedara con una mano adelante y la otra por detrás.

Un calenturiento como yo no se merecía otra cosa.

Por más claras que fueran, esas señales no bastaron para que me culeara. El caso es que volví a apersonarme y pedirle permiso para casarme con su prima. Es más, esa vez hasta le dije que ella tampoco nadaba en plata.

El desquite llegó sin miramientos.

Cuatro mulatos me agarraron una noche y me golpearon. Por más que lo intentaron, no se fueron limpios, y cuando huyeron dejaron a uno tirado. Con la poca fuerza que me quedaba lo obligué a que me dijera quién los había mandado. El apellido

137

de don Narciso le brotó de la boca y ahí me di cuenta de que mis amores no tenían sentido. Antes de que llegáramos al altar, le habría entregado mi alma al Señor de los Cielos.

Las dolencias del corazón no me duraron tanto como lo esperaba.

Un clavo saca otro clavo sin que el hoyo se note.

Una pariente lejana de Juan se volvió mi mujer. Delante de la Virgen de Atotonilco nos casamos para toda la vida. María de la Luz me cuadraba y a nada estuve a punto de jurar que abandonaría todos los amoríos para estar con ella. A lo mejor eso habría valido la pena, pero María se murió antes de que cumpliéramos un año de estar juntos. Ella se fue y yo me quedé más solo que una cola de perro. Dios no quería que yo tuviera una sola mujer.

Vayan ustedes a saber por qué, pero por más que me dijeron y le viraron, no quise reclamar su herencia.

Por seis meses nada había que pagar y valía más dejarla perder. Alguno de los suyos la pediría y eso bastaba para sentirme tranquilo. Su dote estaba intacta.

Pero ¿para qué le seguimos por este camino? Ese pasado ya está pisado y lo que nos tiene juntos es otra cosa.

22

Los hombres de Trujillo llegaron a la capital con la derrota marcada en la piel. El miedo rompió las cadenas que lo tenían atrapado. En ese momento, apenas nos separaban unas pocas leguas de México y, al primer paso que diéramos, el pánico se quitaría el bozal. Las autoridades hacían lo que podían: a fuerza de papeles y pregoneros llamaron a los que tenían edad para tomar un arma. Muy pocos fueron los que se presentaron. Y, con tal de tratar de vencernos, los clérigos le arrebataron la Virgen de los Remedios a su santuario y la pusieron en la catedral. El niño Jesús que estaba en sus brazos tenía un sable de plata. Las rogativas comenzaron y las europeas montaban guardia delante de su imagen sin que el sol o la luna detuvieran sus palabras. Pasara lo que pasara, los rezos no podían silenciarse hasta que los endemoniados termináramos derrotados o agarráramos para otro rumbo.

Por primera vez tuve que aceptar que el cura tenía razón: la ciudad estaba a nada de caer en nuestras manos. Todo era cosa de presionar y negociar para que la entregaran sin matanzas.

El virrey, por más plantado que fuera, no tenía manera de enfrentarnos.

—Las puertas de la capital están a punto de ceder —le dije mientras los hombres se alistaban para dejar el campamento—. Lo único que tenemos que hacer es mandar a algunos de los cautivos con una carta para el virrey. Un gesto de buena voluntad es importante para triunfar.

Don Miguel ni siquiera alzó la vista.

—Esos cabrones valen mucha plata y la necesito para mis hijos. Mi hermano casi tiene las alforjas vacías.

La discusión siguió y, al final, algo de prudencia se impuso.

Antes de comenzar la marcha, mandaríamos a nuestros emisarios protegidos por cincuenta hombres de caballería. Ellos le entregarían al virrey la carta en la que exigíamos la rendición sin condiciones.

Los realistas les marcaron el alto cuando llegaron al cerro del Chapulín. La media centena de soldados no podía amedrentarlos. Los hombres del virrey no estaban dispuestos a echarse para atrás. Un paso más o el resoplido de una bestia bastaría para que la raya de su vida terminara con una humareda.

La capital estaba cerrada a piedra y lodo. Lo más que pudieron hacer nuestros hombres fue ondear la bandera blanca y mostrar la carta que traían. Sus palabras fueron parcas y a nadie conmovieron.

El comandante recibió el documento y a galope partió rumbo al centro.

No se dilató mucho en volver.

El virrey nos mandó al carajo y amenazó a nuestros enviados: si no se retiraban de inmediato, sus soldados abrirían fuego.

Las palabras estaban tan muertas como los palurdos que cayeron en el campo de batalla.

En ese momento apenas nos quedaba descubrir de qué cuero saldrían más correas.

La mera verdad es que mí no me importaba que muchos de los léperos se hubieran largado y la pólvora escaseara. La nuestra bastaba y sobraba para tomar la capital. Casi toda la que tenían se la dieron a don Torcuato, y él regresó con las manos vacías y las fuerzas mermadas.

Por donde quiera que se le viera, los escasos pertrechos no impedían el ataque.

Cuando entráramos a la ciudad, en menos de lo que cantara un gallo nos reabasteceríamos con lo poco que quedara en los arsenales y nuestras fuerzas se engrosarían con los criollos y los soldados que de seguro se sumarían a la causa. Es más, si Calleja y Flon se presentaban, tendríamos tiempo para prepararnos y vencerlos de una vez y para siempre. Y, si acaso nos sitiaban, las alacenas, las alhóndigas y los tianguis nos sobrarían para resistir el asedio. En esos momentos, era claro que la esposa de Rayón estaba equivocada: la sangre de los inocentes no mancharía la calle de Tacuba, ahí sólo se verían los coágulos de los realistas derrotados.

Yo estaba seguro de que lo imposible era posible, pero la tozudez y los malos aires destruyeron mis planes.

—Vale más que nos retiremos, la capital será nuestra perdición —dijo el cura en la junta de guerra.

Yo lo escuchaba.

La certeza de que el número de sus hijos disminuía a cada instante me dio la oportunidad de echarme para adelante. El momento de los soldados había llegado.

—La capital no es nuestra perdición —afirmé sin miedo—, es nuestro movimiento obligado. Si no avanzamos hacia ella estamos muertos.

—Pero no tenemos armas ni pólvora —me replicó mientras el Torero se metía la mano bajo el gabán.

La amenaza del matasiete no logró que me culeara.

—Con lo que tenemos nos basta.

Hidalgo no dio su brazo a torcer.

Todo terminó con un golpe de mesa.

En ese momento, ninguno de nosotros conocía sus verdaderas razones: el virrey le mandó un pliego secreto donde le advertía que sus parientes serían pasados a cuchillo en el momento en que diéramos el primer paso. Para el cura bribón, la ciudad valía menos que sus hermanas, su cuñada y los hijos del hermano muerto.

Prefería entregarnos a la escabechina con tal de que nadie los tocara y pudiera seguir rumiando sus odios, sus ansias de venganza y sus arrepentimientos.

Ese día las cosas quedaron rotas para siempre.

23

Después de culearnos, la verdad nos dio en la cara: en el Monte de las Cruces sólo ganamos para perder. Aunque quisiéramos negarlo, la desgracia estaba anunciada desde antes de que tronara el primer disparo. Los espectros salieron de sus tumbas para arrebatarnos la victoria. Los asesinados por los bandoleros y los caídos en la batalla se nos pegaron a la piel como una maldición que nunca nos daría tregua. El mal lo teníamos metido en la sangre y nos emponzoñaba las vísceras mientras corría por el cauce de las venas; en esos días, cada vez que me miraba los brazos, sólo descubría que se volvían más prietas que las de un esclavo.

Mi sangre era tan negra como la de los diablos; pero eso no era lo único que delataba la presencia de Satán. Conforme las noches pasaban, junto con las palabras y murmullos, un vaho siniestro nos empezó a brotar del hocico con la pestilencia de la carroña y el azufre. Por eso preferimos quedarnos callados. La mudez era más sensata que inventar el pretexto de un diente podrido o el desgobierno de los humores del hígado. Es más, si mascábamos hojas de naranja o hierbabuena, el verde se secaba antes de que entrara en nuestra boca, el aliento las mataba con sólo rozarlas.

Ustedes no tienen manera de negarme que tengo razón. Los que saben que van a morir tienen la mirada clara y ven lo que a los demás les está ensombrecido.

Después de esa batalla, si un cura sin mancha se atreviera a bendecirnos, nuestros cuerpos arderían hasta volverse cenizas. Gracias a los resoplidos del Coludo, ningún camposanto podría recibir nuestros cadáveres ni permitiría el descanso de nuestros tiznes. Sin palo y sin cuarta, Dios nos entregaba a nuestro destino mientras Lucifer atizaba su bracero. ¿Para qué nos hacemos lo que no somos? Su aventador de ala de zopilote no se estará quieto hasta que lleguemos a su reino de lumbre.

A él nadie lo engaña y tampoco ha nacido quien pueda verle la cara. Lucifer es viejo y todo lo sabe. Por más que los curas de Valladolid se la hubieran tragado, la excomunión no fue anulada y cada uno de sus castigos se hizo más fuerte con nuestros pecados.

Lo que hicimos y lo que dejamos de hacer nos alcanzará en unas cuantas horas. Juan y yo caeremos primero, el cura bribón lo hará después y su hermano ratero ya lo estará esperando en el averno.

Durante la retirada, el silencio del pecado marcó nuestros pasos. Los árboles que nos rodeaban se miraban como las garras que anunciaban el futuro que ya conocemos. Ellos son viejos, tienen su corazón y han visto y oído mucho. Ninguno de los que caímos presos en Baján morirá en su cama rodeado de su familia y sus amigos. La Santa Cruz que protege los lechos nos está negada junto con la absolución de los pecados. En el momento en que los soldados del pelotón jalen los gatillos,

los ángeles no bajarán de las alturas para llevarse nuestra alma a la Gloria y las llaves de san Pedro no estarán dispuestas para abrirnos la sagrada puerta. A nuestro lado sólo se sentirá el hedor del Diablo. El perfume del Cielo no entrará a ninguna de las narices que lucharán con tal de aplazar el último aliento.

Desde que abandonamos el campo de batalla, el dormir sin sueños se terminó para siempre. La noche se transformó en el lugar de las sombras, en el momento en que el más allá se nos metía en la cabeza.

Cada vez que cerrábamos los párpados, comenzaban los rugidos que anunciaban la llegada del perro endiablado que arrojaba fuego y azufre por el hocico y los ojos. Y, si esta bestia no se presentaba para torturarnos, de las tinieblas brotaban las serpientes que se nos enroscaban en la cabeza para apretarnos las sienes hasta que los huesos se quebraban y sus dentros se rebozaban como una nata enrojecida. Las culebras se nos metían en la boca y la frialdad de su cuerpo nos ardía en los labios cuando nos obligaban a tragarnos la masa de nuestra sesera.

El horror no cesaba y a él se sumaban las fauces inmensas que trataban de devorarnos mientras se escuchaba una voz que helaba la sangre: "Adórame a mí y no adores a ése". Así nos decía el Diablo para obligarnos a escupir sobre la Cruz.

Sin embargo, ninguno de los míos hablaba de sus pesadillas.

No hacía falta que lo hiciéramos, sus hierros ardientes estaban marcados en los silencios y los cuerpos. Cada día las ojeras se hacían más profundas y oscuras. La piel apergaminada y las llagas en los riñones y el corazón tampoco necesitaban palabras para notarse.

La capital se nos escapó de las manos y los palurdos siguieron huyendo sin que nadie pudiera detenerlos. A cada paso que dábamos, nuestra columna enflaquecía. Si don Miguel les ofrecía un peso a los hombres de caballería y cuatro reales a los de a pie ya no servía de nada. El miedo era más cabrón que la plata y las bendiciones con cruces de cabeza. Cerca de nosotros sólo estaban las tropas realistas dispuestas a combatirnos en batallas hechas y derechas. En esos momentos nomás sentíamos el aliento de la niña blanca que afilaba su guadaña mientras las chispas de su mollejón nos chamuscaban el alma.

A pesar de todo lo que pasaba, Hidalgo fingía sin que la verdad pudiera alcanzarlo. Por más dura que fuera, la realidad no se reflejaba en sus pupilas ni tenía cabida en sus palabras.

—Ellos sí saben lo que tienen que hacer —nos decía impostando la gallardía que siempre le faltó a su alma enclenque—. Mis hijos no nos abandonaron… Todo lo que ustedes murmuran son mentiras que tratan de opacar nuestra victoria.

Él hablaba, nosotros apenas lo mirábamos como si un gato nos hubiera comido la lengua, pero los labios amordazados no bastaban para obligarlo a la cordura.

Don Miguel no estaba dispuesto a echarse para atrás con sus locuras. Siempre volvía a levantar la voz con tal de convencerse y convencernos de lo imposible.

—Ahora ellos son las partidas que incendiarán el Reino —nos decía con la certeza que apenas podía atrapar a los cándidos y los imbéciles—. A su paso no quedará piedra sobre piedra y ningún pecado será perdonado. Dios sabe que se cobrarán con sangre las deudas de los gachupines y de todos los mal paridos que los atenazaron. Mis hijos son los retoños de la hidra, cada vez que le mochan una cabeza, le nacen dos más poderosas.

Aunque a fuerza de palabras tratara de convencernos, nada respaldaba sus dichos.

A lo más, los muertos de hambre que nos abandonaron con el culo fruncido se convirtieron en bandoleros, en las gavillas que sin ton ni son atacaban los pueblos para mostrar que tenían la lección aprendida. El cura los hizo probar la sangre y ellos se quedaron con ansias de matanzas y violaciones. Pero, por más enloquecidos que estuvieran, apenas unos pocos sobrevivieron después de la huida. Los hombres de Calleja los atraparon y sus gaznates sintieron el tirón de la horca.

La matanza ya no tenía rumbo ni dirección.

El ánima del Torero se había adueñado del cuerpo de don Miguel y su lengua envenenada nos lamió a todos para marcarnos.

24

Desde antes que le besara las patas a don Miguel, el Torero ya tenía la sangre podrida y el alma negra. Así había nacido y nada se podía hacer para cambiarlo. Por más que le hicieron, sus padres no lograron enmendar su camino. Los árboles torcidos no enderezan las ramas, y los perros hueveros siguen haciendo de las suyas aunque les quemen el hocico. Por esto, las plegarias, los ruegos y los chicotazos no pudieron sacarle el mal de las entrañas. De nada valía lo que hicieran o dejaran de hacer sus mayores, siempre fue un vómito del que no tiene sombra.

La condena a muerte y el tiempo que se pasó en la cárcel de Dolores apenas fueron una triste revancha para sus víctimas. A la ley del Talión se la tragó el viento de las brujas y la justicia se largó con ella. La tortura lenta y dolorosa era lo único que podría sanar las almas de las familias enlutadas, pero Hidalgo les arrebató el bálsamo de la venganza.

Los malvivientes que lo conocían de tiempo juraban que su perfidia terminó de soltarse cuando una chamaca le alborotó la gallera en la plaza grande del curato. El mal apenas se detenía de un hilacho y sus calenturas lo tronaron.

El día que se la topó, se le acercó sin miramientos.

Antes de que terminara de decirle "somos o no somos" ya le estaba apretando una nalga. Sus dedos prietos y callosos eran una tenaza que anhelaba arrancarle un trozo de carne.

La joven se echó para atrás y le escupió la cara. Una cachetada no era suficiente para lavar la afrenta.

El salivazo no se le quedó pegado. En menos de lo que dura un suspiro se le escurrió de la jeta para mancharle el sarape mugroso y desgarrado. Dicen que se lo limpió con los dedos y se los lamió para echarle más leña a su lumbre.

El Torero estaba seguro de que su honra estaba manchada y que nadie había parido a la mujer que pudiera resistírsele. Él se creía el único dueño del corral y estaba cierto de que todas las chamacas eran las gallinas que se morían de ganas por sentir sus pisotones. Su piel zaína, sus ojos prietos y su miembro tieso no podían ser despreciados por ninguna hembra. Todas tenían que ponerse en brama al verlo, todas debían anhelar sentirlo entre sus piernas mientras el hombre de color quebrado las abofeteaba, las estrangulaba y se negaba a penetrarlas hasta que el suplicio les mostrara lo que eran, unas putas sometidas a su furia.

Sus compinches dicen que esa misma noche llegó a la casa de la muchacha que lo escupió. Su sombra era más negra que la oscuridad sin luna y los mares sin faros.

Tenía que tomarse su tiempo para saborear su desquite. El péndulo de su rabia se movía como si nadara en atole. Con palabras mustias y silbidos empalagosos logró que el perro de la casa se le acercara, le meneara la cola y le lamiera las manos. El olor de la carne que le ofrecía tenía un origen nefando, pero su sabor terminó ablandándolo y transformó sus ladridos en suaves gemidos.

El trozo que masticaba era suave y grasoso, su color tan claro como el que tiene la de los cerdos, pero su olor era muy parecido al de las manos que lo alimentaban desde que era cachorro.

Cuando el animal se quedó tranquilo, lo agarró del pescuezo y se lo quebró con un movimiento preciso. La lengua le colgaba del hocico y los colmillos amarillentos perdieron su ferocidad. Lentamente sacó su charrasca de la bolsa y comenzó a destriparlo.

Así lo colgó de la puerta.

Durante un instante lo miró complacido. Su tripa estaba enhiesta y con los dedos ensangrentados trazó los garabatos que exigían arrepentimiento. A él no le importaba que nadie pudiera leer sus trazos y que sus barretadas no parecieran letras. Ése era el aviso de lo que a todos les pasaría si la chamaca no se hincaba para suplicarle que la perdonara.

Los ruegos nunca llegaron y comenzó a seguirla. Sus pasos eran los suyos y los callejones se convirtieron en sus territorios. El momento de cobrarle el salivazo tendría que llegar si era paciente.

Lucifer le concedió su deseo.

Al día siguiente encontraron el cuerpo de la muchacha. El filo de la charrasca le había rajado los labios hasta chocar con la coyuntura de la quijada. Sólo así podía convertir su última mueca en una sonrisa esperpéntica. Sus cuencas estaban vacías y tenía los pechos arrancados. Por más que los buscaron, no se encontraron. Dios sabe que se los tragó mientras el Demonio festinaba su banquete.

Esa vez nadie lo vio y ninguno pudo culparlo.

Todas las chimiscoleras se llenaban la boca diciendo que en esos rumbos no existía alguien capaz de cometer una atrocidad de ese tamaño. Según ellas, en el curato todos eran buenos cristianos que temían provocar la ira de Nuestro Señor. Las señas de los fuereños y los arrieros de mala pinta lo ocultaron sin que se esforzara por borrar su rastro.

Sólo cuando fue liberado por Hidalgo empezó a contar su historia.

Delante de todos sus cuates tenía que dejar en claro lo que estaba dispuesto a hacerle a cualquiera que se le negara.

Esa chamaca no fue la única que murió de mala manera.

En Dolores, San Miguel y los pueblos cercanos desaparecieron varias. Sólo las hallaban cuando los zopilotes volaban sobre sus cuerpos hinchados y desmembrados. Dicen que a más de tres les cosió los párpados para que los ojos se quedaran abiertos para siempre y que lo último que miraron jamás se les borrara de las pupilas. Vayan ustedes a saber si esto es cierto, pero los que lo conocieron se besan los dedos en cruz mientras dicen que a todas se la metió mientras el alma se les salía del cuerpo.

Sus compinches murmuraban que su naturaleza sólo se entiesaba cuando las golpeaba, cuando el filo se adentraba en su carne y sus manos se aferraban a su pescuezo para robarles la respiración. Los ojos que se enrojecían por las venas que estaban a nada de reventarse eran la invocación a su calentura. Por eso, cuando terminaba de matarlas y hacer sus cosas, cometía el pecado de Onán y derramaba su simiente sobre los cadáveres.

Los que lo trataron de cerca contaban que ese horror era viejo.

Cuando la cara se le empezó a llenar de pelos tiesos, martirizaba a las gallinas del corral de su casa hasta que el miembro se le entiesaba sin necesidad de un hueso de zorrillo. Entonces se las metía y, en el momento en que empezaba a sentir los espasmos, les arrancaba la cabeza para que su cuerpo se contrajera.

Siguió haciendo de las suyas sin que el miedo a Dios lo tocara. De no ser porque un día lo pescaron, el Torero habría salido bien parado hasta que su tiempo se acabara.

Esa vez estaba golpeando a una mujer que ya tenía la cara rajada y los pechos acuchillados.

La gente lo atrapó con los calzones abajo y lo atacó. Las patadas y los garrotazos eran la única manera que tenían de reventarse los quistes de la venganza.

Pero Dios estaba de espaldas y Satán hizo lo que le tocaba para proteger a su hijo.

Los soldados lo rescataron.

Antes de colgarlo o matarlo a latigazos, él tenía que pararse delante de los justicias.

La condena no se tardó. Sin embargo, antes de que se cumpliera, don Miguel lo sacó de la cárcel después de que mandó repicar la campana de su parroquia.

Ese día, Hidalgo se le quedó mirando, le puso la mano en el hombro y lo obligó a hincarse.

—Dios te puso en mi camino y te perdona todos tus pecados —le dijo—, tú no debes separarte de mi lado, tú eres mi ángel guardián, mi protector, mi espada ardiente.

El Torero lo miró y a nada estuvo de largarse.

Las palabras del cura apenas parecían una chifladura. Pero don Miguel no detuvo su lengua y terminó hechizándolo.

—Dios me reveló que podrás seguir haciendo lo que haces, que la justicia humana y las leyes divinas no son para gente como tú… pero tienes que estar a mi lado y obedecerme sin replicar.

El criminal bajó la mirada y el cura trazó la cruz invertida sobre su cabeza.

25

Hidalgo estaba embarrado con la saliva y la simiente del Torero. Las diferencias que apenas los separaban comenzaron a diluirse cuando la línea de la leperada se volvió en un gusano enflaquecido. Cuantos más muertos de hambre se perdían en el monte, empezó a acariciar la traición que nos llevaría a la muerte.

Nuestras palabras le estorbaban.

El suyo era el camino que marcan los asesinos, los que no encuentran sosiego ni tienen llenadera para sus arrebatos. El cura ansiaba que lo llamaran Alteza Serenísima mientras que todos los hombres se hincaban y las mujeres no se le negaban. Si los criollos lográbamos o no lo que nos proponíamos, le importaba lo mismo que una onza de longaniza. Todo lo que impedía sus sueños era menos que un gargajo que el sol secaría a mitad de la nada.

En cada una de nuestras paradas, llamaba al militarete que capturó en Guanajuato. Desde que nos contrapunteamos por el saqueo de San Miguel, su tienda y su comida siempre estuvieron dispuestos para el momento en que llegara el prisionero que jamás sintió los grilletes. Ese hombre era de la misma estirpe de Calleja y Trujillo, un militar que se ganó los galones guerreando en contra de los enemigos del rey.

El viejo zorro lo llenaba de privilegios y siempre lo recibía con una sonrisa que podía engatusar a cualquiera.

En cada encuentro, sus palabras se repetían como si nunca las hubiera pronunciado.

—Yo necesito un hombre con las virtudes que adornan a su merced —le susurraba mientras las lenguas del fuego le iluminaban parte de la cara—. Usted lleva tiempo con nosotros y sabe cómo están las cosas… Hay gente a la que da miedo mirar. El Torero tiene lo suyo y está dispuesto a dar su vida por la mía, pero no puede hacerse cargo de las tropas. Para eso necesito un militar de cepa, alguien que sepa lo que le conviene y esté dispuesto a abandonar a sus amos para luchar por la gloria, la fama y la fortuna que lo cubrirán de plata. Ando buscando a una persona que esté dispuesta a sentarse a mi diestra cuando haya alcanzado la victoria. Imagine a ese hombre, las minas de Guanajuato y Zacatecas serán suyas, y los caminos que pisará su caballo estarán enladrillados con plata.

El militar lo escuchaba sin atreverse a llevarle la contra.

A lo más, se aventuraba a decirle unas pocas cosas que se hundían en el pantano de la vaguedad, en las sombras que se protegen en los sí pero no.

—Lo entiendo y le agradezco sus deferencias —le respondía mientras fingía la más pura de las modestias—, pero yo soy un hombre de lealtades, de promesas que no se rompen con facilidad. Usted me tienta, pero el pasado es una cadena que no puedo quebrar de un día para otro.

Hidalgo le palmeaba la espalda cuando terminaba de hablar y volvía a llenar su copa. El deseo de que el aguardiente lo hiciera ceder guiaba su mano.

—Eso es lo que me gusta de su merced. Usted —le decía don Miguel— es un hombre de palabra, pero eso no significa que no pueda darse cuenta de qué lado soplan los vientos. Dios es mi aliado y el rey nada puede en contra de él. Yo estoy bendito, el Borbón está maldito desde que se culeó delante de Bonaparte... Calleja y Flon no son nada, yo soy el Cristo resucitado.

—Pero usted ya tiene al capitán Allende, a Aldama y a todos sus oficiales—le contestaba el militar tratando de suavizar las cosas—. Ellos son tan buenos como yo y tienen un juramento de lealtad con su causa. Compréndame, el asunto está más claro que el agua: ¿para qué puedo servirle?, mi lealtad siempre será dudosa y la de ellos no tiene mancha. Yo soy español, ellos son criollos; la sangre y el temperamento nos separan.

Esa plática se repitió y se repitió hasta que una noche el cura mostró todas sus cartas.

—Entiéndame —le dijo mientras en sus ojos se mostraba la sombra del Ángel Caído—, Allende, Aldama y los suyos no tienen mi confianza... ellos conspiran en mi contra y quieren robarle al pueblo la victoria.

Cuando el militar escuchó esas palabras, descubrió que le quedaba una jugada. La partida no tenía que terminar con la muerte.

—Usted tiene un hueco que debe llenar a como dé lugar... —afirmó fingiendo la candidez que no tenía.

—En efecto, ése es mi problema y usted es la solución —le respondió el cura.

Antes de que pudiera terminar de llenar su copa, el militar le contestó con una seguridad que podría convencer a cualquiera.

—Deme unos días, se lo ruego. Dios sabrá iluminarme y darme una respuesta que a todos nos deje satisfechos. La libertad de Nueva España es lo único que anhelo.

Don Miguel terminó de servir y alzó su copa creyendo que lo había engatusado, pero ese hombre sólo buscaba ganar tiempo. Cuando lo que quedaba de los piojosos se enfrentara a Calleja, su rumbo quedaría decidido.

El gachupín jugaba con dos barajas y, por su soberbia y sus ansias de muerte, el cura no era capaz de darse cuenta de lo que ocurría en las cartas que tenía en la mano.

Calleja no entró a la capital. Aunque los honores fueran una tentación, cambió su rumbo y comenzó a acercarse. Mis hombres, siempre acompañados por el Torero, observaban sus movimientos. Lo que ocurría delante de ellos transformaba su piel en un cuero de un guajolote. Los soldados realistas estaban perfectamente uniformados, en muchos de los tricornios se notaban las plumas negras y en la orilla de los bicornios se miraban las crines que flotaban con el ritmo de los trotes. A ninguno le faltaba un fusil y del hombro les colgaba un morral lleno de balas, pólvora y retaques. Sus bayonetas eran un espejo que le devolvía los rayos al sol, y sus mulas jalaban los cañones que eran seguidos por los carretones donde guardaban los incontables pertrechos. Su columna parecía trazada con una plomada y la ira que los alimentaba estaba probada.

Aunque quisiera negar lo que decían mis hombres, el cura bribón no tenía más remedio que creerle a su asesino. La muerte se acercaba.

Nuestro avance cada vez era más lento y las juntas de guerra se volvían eternas. Los dimes y diretes nos tenían empantanados.

Cuando apenas nos separaban dos jornadas de las tropas de Calleja no quedó más remedio que tomar una decisión.

—Tenemos la batalla perdida —le dije a don Miguel.

Sus manos se adentraron entre las greñas canosas que no alcanzaban a taparle la mollera.

—Pero todavía somos muchos más que ellos —me replicó con ganas de obligarnos al combate.

De mi boca no salió una palabra.

El silencio de los militares era la pared contra la que se estrellaban sus falsedades.

—Sí —le respondió Juan Aldama después de unos instantes—, pero la plebe huirá cuando truene el primer cañonazo. Lo que pasó en el Monte de las Cruces apenas fue una probada de su cobardía.

Por vez primera desde que salimos de Dolores, la realidad era tan dura que Hidalgo no tenía manera de negarla.

—¿Entonces? —nos preguntó.

Mis ojos estaban fijos en la vela que nos alumbraba.

La flama que la derretía hacía caer las gotas que se transformaban en una estalactita. La mudez era una piedra. Yo sólo pude acercar la mano para trozar el hilo de cera.

La teatralidad tenía que estar de mi lado.

—Dividámonos —respondí—. Los pequeños grupos podrán hostigar a Calleja y hacer más lenta su marcha. Ninguno debe darle combate abierto, ellos están dispuestos a enfrentarnos de esa manera y nosotros no podemos darnos el lujo de caer en su trampa. Frente a frente somos nada. Es más, lo deseable sería que no mataran a ningún enemigo. Los soldados están dispuestos a la muerte, por eso vale más herirlos, dejarlos tullidos para siempre. El miedo a quedar baldados jugará a nuestro favor. Los que no temen morir tienen miedo a quedarse inválidos. Para nosotros, los lisiados son mejores que los difuntos, las camillas son una advertencia que no se sale de los ojos y acalambra los pasos.

Hidalgo lo pensó un instante.

—¿Y luego?, ¿seguiremos corriendo y viviendo a salto de mata hasta que ese cabrón nos alcance?

—No —le contestó Aldama—, nosotros volveremos sobre nuestros pasos hasta que lleguemos a Guanajuato y usted se irá a Valladolid, allá podremos rearmarnos y levantar una nueva tropa. Y, cuando estemos listos y entrenados, nos enfrentaremos a Calleja sin miedo a perder la cabeza.

El cura se levantó de su silla y se persignó delante de nosotros.

—Está bien —nos dijo—, ya sólo nos queda el camino que señalan… que sea lo que Dios quiera. Mañana comenzaremos a preparar los rumbos.

Y, sin decir una palabra más, nos dejó solos.

Tras él se quedó la imagen de un hombre envejecido con los hombros caídos. El generalísimo de los gañanes nos había entregado el mando.

26

Antes de que amaneciera, las noticias de Calleja llegaron al campamento. Las marchas forzadas de sus tropas nos arrebataron la posibilidad de alejarnos lo suficiente y tomar distintos caminos. Cuando Juan llegó a mi tienda y me dijo lo que pasaba apenas pude ordenarle que apresurara la marcha. Si la plebe se retrasaba no habría más remedio que abandonarla a su suerte. Si ellos querían tragar antes de dar un paso, bien merecido tendrían que la muerte los devorara.

Todavía me estaba poniendo la casaca cuando regresó a mi tienda.

—No habrá retirada —me dijo con la muerte tatuada en los ojos.

La voz le sonaba quebrada por el miedo.

Salimos.

No hacía falta un largavista para darse cuenta de la desgracia. En la loma de enfrente estaba Calleja. Sus oficiales preparaban las tropas para avanzar y los cañones se veían dispuestos para empezar a tronar. Cada paso que dieran estaría marcado por las explosiones y los hierros. Ellos eran las sombras más negras y sus pasos quebraban los últimos momentos de la noche.

No pude dar la orden para que se apresuraran a huir.

Hidalgo ya estaba detrás de los miserables que aún le eran fieles. Algunos recogían piedras para sus hondas, otros frotaban contra una roca el filo de sus machetes y sus hoces, y unos más empuñaban las picas mientras trataban de mantener la vista al frente.

—¡Carajo! El plan era otro —le espeté a don Miguel.

Como si nada pasara se me quedó viendo.

—Un militar que sí sabe de guerras me dijo que éste es el momento de derrotar a Calleja.

Mis hombres estaban detrás de la leperada y cubrían sus flancos. Ésa era la única manera como podíamos evitar que se largaran sin presentar batalla. Sin embargo, por más que lo intentamos, el pánico se apoderó de ellos. Con estos ojos que se han de comer los gusanos miré cómo las piernas se les mojaban por el miedo que les apretaba la riñonada. Más de tres intentaron echarse para atrás, pero las bayonetas erizadas de mis soldados les cerraban el paso.

Quisiéramos o no, el momento de jugarse el todo por el todo había llegado y ellos tenían que acompañarnos a la muerte.

Cuando empezamos a avanzar, los redobles de los tambores de Calleja se adueñaron del mundo y la luz del sol nos dio en la cara. Los primeros rayos lo protegían.

Cada vez que escuchábamos los tambores nuestro silencio se volvía más duro. Los gritos que clamaban por la muerte de los gachupines, por la venganza implacable y la imagen de la Guadalupana estaban mudos. Los hilos de la parca les cosieron los labios a los gañanes.

Nuestros pasos eran lentos, medrosos, incapaces de desafiar a nadie.

La agonía estaba embijada en los huaraches y las botas, en las herraduras y las patas desnudas. Por más que se hubieran puesto las casacas de los realistas que cayeron en Monte de las Cruces, seguían siendo lo que eran.

Poco a poco, los rasgos de los soldados de Calleja empezaron a perfilarse en la mancha de sus caras. Las líneas de los bigotes y el ojo que cerraban para afinar la puntería se miraban a unos cuantos pasos delante de nosotros. El humo que nacía de las teas que se acercaban a las mechas de los cañones nos chamuscaba el alma.

Un grito quebró el silencio.

—¡Fuego! —se oyó en el bando de Calleja.

Las balas de los fusiles y la metralla de los cañones despedazaron las primeras líneas de nuestros hombres.

El Sabelotodo de Martínez no pudo responder al fuego. Su lentitud exasperante para apuntar a la nada era la enemiga que nos entregaba a la muerte.

Las ansias de salvar la vida destruyeron nuestra línea y don Félix mantuvo el ataque durante los minutos que se transformaron en una eternidad.

Cada uno huyó como mejor pudo. Mis hombres y yo nos retiramos por una vereda que llevaba a quién sabe dónde, los huarachudos corrieron para todas partes, y el cura, siempre escoltado por el Torero y sus barbajanes, se largó por otro camino. Para no variar ni perder la costumbre se había alejado del fuego y la muerte. Esa suerte no le tocaba al predestinado, ella sólo señalaba el destino de los que tenían que ofrendar su alma en su nombre.

Al llegar a la cumbre del cerro nos detuvimos para mirar.

Las tropas de Calleja no nos perseguían, para el brigadier era claro que no valía la pena sacrificar a ninguno de sus hombres. Sus fuerzas estaban completas y así debían seguir, el tiempo en que nos alcanzarían no sería mucho. La desbandada le daba la posibilidad de matar con calma.

Allá, desde la cúspide, también pude mirar al prisionero consentido de Hidalgo.

Con calma caminaba hacia las tropas realistas. Su uniforme parecía nuevo y sus dorados no se atemorizaban por el sol ni por las humaredas que envolvían los cadáveres.

No había modo de que su jugada fallara. Si las tropas realistas hubieran sido derrotadas, él ocuparía mi lugar; pero, como nos vencieron en un santiamén, volvió por sus fueros y con la cabeza llena de las historias que le encantarían a don Félix. Ese hombre sólo hablaría de nuestras debilidades y las traiciones que nos fracturaban.

Antes de que le diera un espuelazo a mi caballo pude volver a verlo.

El pasado se volvió presente.

Lo único que hacía falta era el olor salobre que llegaba con el viento.

Calleja avanzaba entre sus hombres que agitaban el sombrero para gritar su victoria. Las crines de su bicornio flotaban en el aire y, con el cuidado de siempre, se lo quitó para que su flequillo apenas canoso quedara a la vista de todos.

El triunfo era suyo.

El recuerdo de sus viejos combates volvió sin que su cabeza necesitara sentir la sequedad y la arena, sin que sus narices se llenaran con la sal del mar y la pólvora que incendiaba las naves artilladas.

27

La historia de Calleja era distinta de la nuestra. Los mares y la sangre nos separaban. Sólo una vez cruzamos palabra y a Juan le pasó lo mismo. El día que nos entregaron el mando del regimiento lo obligaba a parecer compasivo, a acercarse y darles una palmada a los que estaban debajo de sus insignias. Aún estábamos en las cercanías de Veracruz y los dos teníamos que guardar distancia ante sus galones, su piel y su posición. Sus cabellos casi rubios y mis pelos morunos no podían tratarse de tú a tú. Entre los soldados siempre es claro que no es lo mismo bacín que jarro.

A pesar de esto, el murmullo de quienes lo admiraban y el de los que curvaban el lomo ante su presencia terminó por llegarnos a las orejas y clavársenos en los ojos. Para nadie era un secreto que don Félix era el preferido de Juan Vicente de Güemes, un virrey que ya había partido. Sin embargo, esa orfandad no fue capaz de borrar lo que todos sabían y juraban: su presencia era indispensable en el norte del Reino. Allá, en esos lugares lejanos de la mano de Dios, no había alguien que pudiera hacerle sombra.

La historia de don Félix comenzó cuando las tropas llegaron a su pueblo para cobrar el impuesto de sangre. La guerra lo demandaba y los lugareños tenían que pagarlo. A como diera lugar, uno de cada cinco jóvenes tenía que sumarse al ejército. Calleja fue uno de los elegidos, y su familia —por más que rebuscó en los monederos— no juntó los pesos fuertes que necesitaban para comprarle el grado de subteniente que lo salvaría de los pesares y la comida podrida. De nada valía que los suyos fueran hombres de armas y tuvieran charreteras ganadas a ley. Don Dinero es el único caballero que todo lo puede.

El caso es que partió con una mano adelante y la otra por atrás.

Calleja era como todos los hidalgos que los sábados comían quebrantos.

Nada se tardó en entrar en combate. En las arenas del desierto que está del otro lado de su delgado mar, se enfrentó a los bandidos y los corsarios junto con el hombre que sería virrey de estas tierras. Los dos se jugaron la vida y derrotaron la sed que hincha la lengua para ahogar a sus víctimas. Ellos fueron de los soldados que tuvieron que beberse sus orines para resistir el sol y lanzarse al ataque con la certeza de que el Matamoros no podía darles la espalda.

Las armas los unieron como si fueran un monstruo siamés.

Después atacaron a los ingleses y desembarcaron en las islas para enfrentarlos a sangre y fuego en una guerra que se negó a la piedad. Los enemigos infieles y heréticos merecían la peor de las muertes. El toque a degüello era lo único que mandaba. Las marcas de los rivales y los bandoleros les labraron la carne con las huellas de las suturas. La valentía y la victoria trazaban sus caminos en la piel fruncida y enrojecida. Los que sabían de él contaban que también estuvo en una de las barcazas artilladas que atacaron el peñón donde resistían los infieles, y que la suya se ardió por el calor de los cañones.

Nada ni nadie podía detenerlo.

Los quebrantos sabatinos tenían que irse de su mesa y sus ropas viejas debían convertirse en paños y sedas. Poco a poco fue ascendiendo y la confianza de don Juan Vicente se enraizó hasta quebrar la tierra.

Cuando mandaron a Güemes a estas tierras, Calleja también se embarcó y pronto se hizo cargo de los dragones de Puebla. A pesar de que ese nombre sonaba rimbombante y cuadraba con sus deseos de gloria, las tropas que tenía a su mando eran una desgracia. A esos jóvenes apenas les interesaban el uniforme y el sable que les permitían pavonearse en las calles con tal de agenciarse una mujerzuela. Ése era el único camino que los alejaba de las sotanas que amenazaban con castrarlos o de las leyes que nunca les entrarían en la cabeza.

Don Félix no les tuvo paciencia. En un santiamén los despachó a sus casas con el orgullo maltrecho y de inmediato creó un nuevo regimiento con todas las de la ley.

Con sus hombres recorrió una parte del norte y ahí descubrió que los alacranes eran la causa de todos los males del Reino. Esos seres del Diablo alimentaban a la indiada que no soltaba las armas y se avivaba la ira con aguardiente. Él no era como el cura que festinaba las borracheras de los muertos de hambre y se llenaba los ojos con sus actos impíos; Calleja los detestaba y los conocía como sólo se puede conocer a los enemigos. Ninguno de los salvajes de estos rumbos tenía los tamaños para arrancarles la cabellera a sus enemigos para bailar el mitote, ninguno de los malvivientes de estas tierras estaba marcado con la furia de los norteños. Acá eran unos collones que huían al primer estallido, allá eran de temerse.

El poder y la riqueza llegaron a sus manos junto con las milicias que mandaban en esos rumbos. Calleja era el único que podía desbaratar las conjuras y lograr los acuerdos entre la gente que no estaba al alcance del virrey. Era el mandamás que dominaba al intendente y hacía negocios con los que más tenían. Ellos necesitaban a su lado al que todo lo podía. Para esos hombres, compartir la riqueza era una manera de hacerse más ricos.

Los soldados de don Félix tampoco se quedaban atrás: a la menor provocación demostraban su valentía y más de una vez tiñeron de colorado sus bayonetas con la sangre de los indios indómitos y los que andaban con ganas de levantarse.

A don Félix nunca le pegaron los malos aires que se soltaban con la llegada de los nuevos virreyes, todos —por gusto o necesidad— lo dejaron hacer y deshacer. El tamaño de su riqueza era el pago por la tranquilidad que les daba a las tierras lejanas.

A don Félix tampoco le pasó lo mismo que a mí cuando quise sentar cabeza y por las malas me negaron el pedimento de la mujer que me cuadraba. Por más que tuviera uniforme, no era como él. En San Luis, a nadie le importó si Francisca de Gándara apenas era una escuincla cuando Calleja ya era un hombre curtido. Sin reparos se firmaron los acuerdos y las amonestaciones corrieron sin que ninguno le atajara el paso.

Todo lo que hubiera ocurrido tenía que ser negado y ocultado.

Ese matrimonio era la corona que le faltaba para que nadie lo apocara en sus rumbos. Los ochenta mil reales que le entregaron como dote lo hicieron más fuerte y apuntalaron sus negocios. Si treparon a sus bastardos en un carretón y los fueron a botar en tierra de nadie, ninguno dijo ni pío.

Por más cosas que pasaran, don Félix no estaba dispuesto a devolver ninguna de esas monedas. Después de que se matrimonió, sus amoríos siempre fueron sigilosos y su mujer jamás pasó una vergüenza en público. Calleja no era un baquetón como Hidalgo. Al fin y al cabo, su esposa podía contar sus secretos en el confesionario y las palabras que escuchaba siempre serían las mismas: las revolcadas de Calleja eran su cruz. A como diera lugar, debía darse cuenta de que era la catedral y que las demás apenas llegaban a capillitas. Delante de todos, Francisca tenía que seguir siendo el ángel de su hogar.

Dios sabe que don Félix no se tardó mucho en volverse devoto de la Guadalupana, pero también se sabe que jamás estuvo del lado de los criollos. Su fe apenas era una manera de demostrar que la Virgen de estas tierras lo unía con sus pobladores. Si Hidalgo empuñaba su estandarte y la leperada traía su imagen pegada al sombrero, era un asunto con el que Calleja se limpiaba el culo: la guerra era su gran oportunidad, el botín lo haría más rico y sus tropas lo acercarían al poder que sólo el rey podría desafiar.

Ése era nuestro enemigo y nosotros huíamos entre los cerros.

28

Apesar de las leguas que nos separaban, unos pocos días después de la derrota me apalabré con Hidalgo. El cura parecía manso, lo que quedaba de sus buenos hijos apenas daba para una escaramuza que no podría mellar las tropas de Calleja. Los mensajeros fueron y vinieron. Él nos necesitaba para seguir adelante y nosotros lo requeríamos para no morir en combate. Por más que nos odiáramos, el destino nos obligaba a seguir juntos.

Al cabo de tres pliegos y once párrafos, el acuerdo quedó pactado: él avanzaría hacia Valladolid y allá se armaría, yo volvería a Guanajuato para hacer lo mismo. Es más, los hombres que le juraron lealtad y andaban desperdigados también se sumarían. Si las fuerzas de don Félix atacaban cualquiera de las ciudades, de la otra partirían las tropas que lo sorprenderían por la espalda.

Ésa era la única posibilidad que teníamos para derrotarlo y lograr que la campaña recuperara el rumbo.

Al llegar a Guanajuato, la ciudad se entregó sin resistencia. El recuerdo de los horrores fue suficiente para que nadie se atreviera a tomar un arma. Pactar con los principales no fue difícil, sabían que no estaba dispuesto a tolerar la rapiña ni las matanzas; es más, la gente del Cabildo me ayudó a levantar las horcas que eran mucho más que una advertencia. El día que estuvieron listas, dos malvivientes las inauguraron con tal de que a los barbajanes les quedara claro que nadie podría hacer de las suyas.

Los preparativos para enfrentar a Calleja comenzaron casi de inmediato.

En las fundiciones de las minas comenzaron a forjarse los cañones y sus polvorines se quedaron vacíos para abastecernos. Las carretas que iban y venían por el camino a la Valenciana no se detuvieron en una semana. No necesitábamos a ningún Martínez, los herreros de la mina bastaban y sobraban para que las piezas no se rajaran al momento de ser caladas.

Los pobres diablos que nos acompañaban también empezaron a ser entrenados, y a veces hasta parecía que podrían convertirse en soldados; sin embargo, la falta de fusiles era notoria. Cada una de las armas que abandonaron en los caminos era insustituible. Las pocas que pudimos juntar apenas se notaban en la primera línea de infantería.

La batalla contra Calleja no sería poca cosa y nos faltaban armas para enfrentarlo.

A esas alturas era claro que apenas nos quedaba una carta a la que podíamos apostar: antes de que sus tropas entraran a la ciudad tenían que estar casi derrotadas. Las maneras de detenerlo y mermarlo eran precisas y estaban a nuestro alcance. En los caminos se horadaron los cerros para retacarlos con pólvora. Los derrumbes matarían a muchos realistas y los detendrían para dar tiempo a que llegaran los hombres de Hidalgo y sus leales. Lo mismo pasaba con los cañones que apostamos en las afueras y apuntaban a las veredas. Don Félix no podría poner un pie en el centro antes de que lo atacáramos por la vanguardia y la retaguardia.

Los planes avanzaban.

Los buenos vientos nos convencían de la posibilidad de la victoria.

La necesidad del secreto me obligó a encerrar a los españoles que seguían en la ciudad. Todos fueron llevados a la alhóndiga. Ahí se quedarían hasta que la batalla terminara. Ninguno sería ofendido ni masacrado. En ese lugar los alimentarían sus criados y mis hombres sólo les impedirían llegar más allá de las puertas.

Muchos se endiablaron, otros tenían la seguridad de que pronto los traicionaría y apenas un puñado aceptó su destino sin insultarme demasiado. Sin embargo, a los pocos días, a todos les quedó claro que cumpliría mi palabra: no hubo una tarde en la que no me apersonara para conversar y entregarles todo lo que necesitaban.

Ellos no eran mis enemigos, ese lugar sólo le tocaba a Calleja.

En esos momentos estaba seguro de que Hidalgo tenía clara la lección, y que con tal de que no le cortaran la cabeza ni le mocharan las manos seguiría mis instrucciones. Por más que quisiera, no había modo de echarse para atrás. Nadie podía ser tan estúpido para no darse cuenta del poderío de don Félix.

Al final, las noticias de que Calleja estaba cerca de Guanajuato decidieron el rumbo: los mensajeros más veloces partieron a Valladolid y los demás nos preparamos para resistir.

A marchas forzadas, la gente del cura apenas tardaría un par de jornadas en llegar a la retaguardia de los realistas. Las noticias de que un tal Iriarte sería el primero en presentarse nos inflamó el pecho.

En los papeles todo sonaba maravilloso, pero la suerte no estaba de nuestro lado.

Cuando la pólvora de los cerros tronó, apenas unas rocas cayeron en el camino. Ningún realista murió aplastado y tampoco se les cerró el paso. Las filas de Calleja apenas tuvieron que hacer un alto para evitar las bajas y desbarrancar los obstáculos con la fuerza de los barretones. Juan hacía lo que podía para convencerme de que debíamos retirarnos sin muertos, pero yo tenía confianza en los planes. De nada servía que me remachara que el cura nos abandonaría a nuestra suerte.

Seguí adelante y el duelo de cañones comenzó a los pocos días.

Las piezas no le daban el triunfo a nadie. Todo parecía mantenerse tablas y eso no me parecía grave. Sólo necesitábamos unos días para que llegaran Hidalgo e Iriarte.

Poco a poco las fuerzas de Calleja avanzaban hacia la ciudad sin tener las bajas que esperaba.

Antes de que los hombres del cura se apersonaran, uno de nuestros mensajeros volvió.

No hubo necesidad de preguntarle nada, el sudor de su montura todavía no se secaba cuando nos enteramos de las desgracias. Sus compañeros fueron degollados por el Torero y las tropas de don Miguel no estaban dispuestas a dar un paso al frente.

Juan me miró y nada me dijo.

—Tenías razón —le murmuré—, es hora de retirarnos.

Aldama me apretó el brazo.

—¿A dónde? —me preguntó.

—A Valladolid, hay que ajustar las cuentas.

La noche nos cobijó y pudimos huir sin grandes pérdidas. Apenas nos deteníamos unas horas para descansar y lo único que nos salvó fue la furia de Calleja que se ensañó con los pelados que cayeron en sus manos. En una de nuestras paradas no me quedó más remedio que darle la razón a mi enemigo: antes de que sus tropas entraran a Guanajuato, un mulato juntó a la leperada para apoderarse de la alhóndiga. Las paredes y las losas quedaron tintas de sangre. Nunca más podríamos volver a esa ciudad, para todos sus habitantes estaba claro que entre don Miguel y mi persona no había diferencia.

Cuando llegamos a Valladolid, Hidalgo se había largado. El odio estaba marcado en los ojos de todos. Por más gritos que dio, sus ansias de plata no pudieron ser satisfechas por la ciudad que había saqueado. El recuerdo de las barras de Guanajuato y los sacos de monedas que obtuvo en la catedral no tenía manera de volverse real. Por eso no se tentó el alma para apresar a todos los gachupines que pudo. Cada uno valía una alforja retacada. Algunos quebraron las paredes de sus casas o escarbaron en sus patios y lograron pagar el rescate; pero otros, por más que le hicieron, no lograron conseguir las monedas que les reclamaba el cura.

Las negociaciones para salvarles la vida no paraban.

La mujer de Rayón les gritaba a sus familias que los santos querían ver correr la sangre de los gachupines. Sus aullidos eran el acompañamiento perfecto para las exigencias del Torero.

Hidalgo los dejaba hacer y deshacer con tal de que sus arcas engordaran. Él estaba metido en el Palacio Episcopal dictando y escribiendo las cartas que les mentían a todos los alzados de los que tenía noticia: ellos debían tomar el camino hacia Valladolid para presentar la batalla decisiva.

Algunos le hicieron caso y otros siguieron con sus planes. Sin embargo, cuando logró juntar cerca de diez mil hombres de todas las coloraturas, decidió avanzar hacia Guadalajara, que estaba en manos de uno de sus amiguetes.

Los que lo vieron cuentan que, mientras caminaba hacia su caballo acompañado por el Torero, se detuvo y apenas movió la cabeza.

—Mándeme usted, padrecito —le dijo el asesino.

—Encárgate de los que no pagaron.

El Torero y sus hombres salieron horas más tarde.

En la barranca de Bateas quedaron los cuerpos degollados. Un cura perdido, al que le decían el Padre Chinguirito, vio la matanza y volvió a Valladolid gritando lo que había pasado.

29

Mientras avanzábamos hacia la venganza no pude darme cuenta de que el tiempo de bajar las armas había llegado. Aunque en la cabeza me repapalotearan las ansias de revancha, a esas alturas estábamos vencidos. Nuestros movimientos eran los coletazos de una víbora agonizante, pero la soberbia me vendaba los ojos para convencerme de que la niña blanca caminaba en otros lugares. Un solo pliego rematado con mi garabato habría bastado para que el virrey me perdonara; pero Dios sabe que la furia pudo más que la razón.

A como diera lugar, quería que detuviéramos la marcha y nos alistáramos para enfrentar a Calleja en el primer cerro pelón que nos topáramos. Los pocos fusiles y la pólvora escasa no me importaban. Y si los soldados tenían la moral carcomida también me valía un comino. Las laderas que no se desgajaron para aplastar a los realistas y el abandono de Hidalgo eran llagas abiertas. Quería desquitarme, probar que los enemigos me pelaban los dientes y podría derrotar a don Félix sin el apoyo del cura y el hijo de puta de Iriarte. Pero, por más que insistí y di órdenes terminantes, ni siquiera Juan me hizo caso. Mis hombres me obligaron a continuar la marcha. Ninguno estaba dispuesto a acompañarme a la muerte.

Así seguí, aunque las ansias de jalar la brida se volvían más perras a cada paso que daba mi montura. El tenue sonido de sus cascos musitaba la palabra *cobarde*.

En esos días apenas nos deteníamos para descansar y tragar lo que fuera. Mi asco a la comida de los pelagatos huyó ante el hambre sin sosiego. Ahí estábamos, sentados delante de la hoguera, con el uniforme andrajoso y las marcas del camino que no podían ocultar la derrota.

Juan me miraba, trataba de leerme.

Su cara estaba marcada por las huellas del polvo y el trazo que le dejaban los arroyos del sudor, sus uñas crecidas mostraban una media luna prieta y la fatiga le oscurecía las ojeras. Él, al igual que todos, se retiró de Guanajuato con lo puesto y las alforjas vacías.

—Ya llegará el momento de emparejar las cosas —me dijo mientras levantaba una jícara despostillada para llevársela a la boca.

La vista del caldo apenas teñido en el que flotaban unos gorgojos tiesos lo obligó a fruncir la nariz. Si hubiera querido, en un santiamén habría podido contar los frijoles y las cuatro hojas de epazote que no alcanzaban a espesar la comida.

Yo sabía que estaba a punto de pedirme que nos rindiéramos, que abandonáramos el sueño de que los criollos mandáramos en el Reino. Hidalgo era un traidor, Iriarte era un hijo de mala madre y Calleja estaba destinado a ganar.

Juan entendía el futuro que nos esperaba.

—Tal vez —le respondí con tal de adelantarme a sus palabras—, pero ese momento sólo llegará si hacemos lo que debemos.

Aldama me dio una suave palmada en el lomo. El suyo era el consuelo de los que saben que perdieron.

Con calma saqué la baraja de mi bolsa. Desde que abandonamos Toluca no la había tocado.

Necesitaba tiempo para tratar de pensar y, con un poco de suerte, la temblorina de mis manos se atreguaría si las revolvía. Varias veces partí el mazo hasta que la voz regresó a mi garganta.

—No te agüites —murmuré—, todavía nos quedan cartas por jugar.

—¿Cuáles? —me respondió.

Su pregunta era más una muestra de amistad que una apuesta.

Delante de nosotros no estaban los oros ni las copas, las espadas eran la única presencia que nos podría revelar el futuro.

—La venganza es lo único que nos queda. Por más que quieras, no nos podemos rendir así como así. No somos perros; por más jodidos que estemos, no podemos agachar las orejas ni meter el rabo entre las patas para presentarnos delante del virrey. Dividámonos. Encuentra a Iriarte y mátalo, yo haré lo mismo con el cura cabrón. Después de eso, Dios dirá lo que debemos hacer.

Aldama no me miraba mientras yo hablaba.

Sus ojos estaban fijos en el terrón que el viento limaba para llevárselo a quién sabe dónde.

Lo único que podía hacer era enseñarle el as de espadas.

—Sabes que estoy contigo —me contestó sin levantar la vista—, pero...

Las ganas de interrumpirlo se me agolpaban en el gañote.

Juan suspiró y continuó como si nada notara.

—Ésta es la última vez que te seguiré. Cuando Iriarte esté muerto, te pido que me dejes tomar mi camino. La verdad es que no sé qué haré, pero nunca levantaré un arma en tu contra y mi lengua no se volverá prieta por la traición... aunque esté lejos te seré fiel hasta la muerte.

Lo abracé con ganas de que mi querencia se le quedara pegada al cuerpo.

—Yo tengo que seguir —le dije—. Sólo te pido una cosa, que cuando te enteres de que pasó lo terrible me reces un *pater noster* y me mandes hacer una misa. Capaz que tu fe puede salvarme del Infierno.

Aldama asintió con un movimiento de cabeza y se fue a juntar a sus hombres.

Los vi perderse en el camino. Con ellos se fue mi mano derecha.

Esa vez me tardé en enterarme de lo que pasaba. Hidalgo también era presa del odio y las ansias de venganza. Ninguno de sus hombres de confianza se quedó sin escuchar la retahíla de sus acusaciones: desde que nos retiramos de Monte de las Cruces, Calleja nos derrotó en Aculco y huimos, estaba seguro de que lo había abandonado a su suerte y que mis planes sólo fueron urdidos con tal de que cayera en manos de los realistas. Él no era capaz de reconocer que la victoria de don Félix no era mi culpa... Don Miguel era el único responsable por obedecer las palabras del militarete que nos mandó al matadero y cruzó el campo de batalla con el uniforme inmaculado.

Su terquedad era el as de oros de los realistas.

Fueran como fueren las cosas, el nombre de ese gachupín jamás salió de su boca y Dios sabe que el cura apenas necesitaba un pretexto para condenarnos. Yo se lo di sin darme cuenta de las consecuencias.

Según el cura, la muerte de un felón estaba justificada. Por eso le entregó mis mensajeros al Torero. Él les sacó los ojos y los rodeó con sus hombres armados con picas y puñales. Cada vez que trataban de huir, un puntazo los obligaba a echarse para atrás, y si se quedaban tirados rogando para que los mataran, a fuerza de golpes los obligaban a levantarse para continuar la tortura hasta que la guadaña se los llevara. Apenas uno logró huir para contarnos la desgracia. De las risas de esos criminales nada nos dijo, pero yo podía escucharlas en mis sueños.

A Iriarte, las palabras de don Miguel le vinieron como anillo al dedo.

No tendría que arriesgar a ninguno de sus hombres en una batalla y, de pilón, podía seguir negociando con Calleja sin que sus palabras se ensombrecieran por una acción en su contra. Iriarte estaba dispuesto a traicionarnos, a vendernos a cambio del perdón y la riqueza. Las cartas que le mandaba al brigadier sólo tenían una petición que se repetía en cada una de sus líneas: nada de lo saqueado le podría ser quitado.

Si el cura y yo nos íbamos al Diablo, la plata que guardaba en una carreta era el pago legítimo por su traición.

30

Cuando llegamos a Aguascalientes la ciudad nos abrió las puertas. Sólo Dios sabe por qué lo hicieron, los pocos soldados no eran una amenaza y apenas podrían aguantar unas pocas descargas. Los mejor pertrechados apenas tenían para tres plomazos. A pesar de esto, pactar con los principales no fue cuesta arriba: ellos aceptaron nuestra presencia con tal de que nos largáramos lo más rápido que pudiéramos. Los alzados éramos la piedra imán que atraía las desgracias y, si Calleja nos alcanzaba, su toque a degüello arrastraría a los habitantes de la ciudad.

Casi lograron lo que se proponían.

Muchos soldados estaban heridos, otros se miraban tan hambrientos que no podrían resistir la marcha hasta Valladolid. En muy poco tiempo, el hospital de sangre empezó a funcionar. Los emplastos y las suturas repararon los cuerpos, mientras que los alimentos sanaron a los que tenían las tripas pegadas al espinazo.

Poco a poco, los heridos y los que tenían los huesos marcados en los costados comenzaron a recuperarse. El milagro de un plato de caldo con carne ocurrió para salvarlos. La barriga llena y las puntadas les devolvieron la valentía.

A pesar de que no podíamos dar batalla, los arsenales de la ciudad me fueron entregados sin necesidad de amenazas ni jaloneos, y muchas personas también me dieron sus armas con tal de ganarse la tranquilidad que les ofrecía. Todos queríamos llevar la fiesta en paz.

Cada día, el polvorín engordaba con más barriles.

Conforme los soldados se fueron recuperando, empezaron los entrenamientos. Las marchas y los movimientos, las prácticas que afinaban la puntería y la obediencia a las órdenes del corneta se iniciaban cuando cantaba el primer gallo y las campanas aún no llamaban a misa. No podía enfrentar a Calleja y tampoco era capaz de derrotar a Hidalgo si la tropa no estaba dispuesta. Es más, la exigencia de que nos hicieran nuevos uniformes fue aceptada sin demasiadas protestas. No pedimos castor, el paño más burdo bastaba y sobraba para recobrar nuestra apariencia y fingir la marcialidad que necesitábamos.

Al cabo de unas semanas, los mil hombres que seguían conmigo parecían un ejército con todas las de la ley.

Lo único que me ensombrecía era la ausencia de Juan.

Él, si acaso regresaba, cabalgaría a mi lado y se sentiría orgulloso de comandar a nuestros soldados en las batallas que nos esperaban.

Los días pasaban y yo me convencía de que la fortuna nos sonreía. La derrota de Aculco y la huida de Guanajuato eran las pruebas que Dios nos puso para alcanzar lo que deseábamos. El Todopoderoso quería pulsarnos para saber si merecíamos la victoria. Por eso, todas las mañanas iba al templo y me hincaba delante del altar para rogarle que no nos abandonara, que su mano nos protegiera y nos transformara en la espada de la justicia.

Ni Hidalgo ni Calleja merecían el triunfo, los laureles sólo podían ser para nosotros, para los soldados criollos. Por más que las necesitara, las monedas de los cepos no fueron tocadas y apenas a los más pudientes les pedí algo de dinero para pagarles a las tropas. La misericordia de Dios pendía de un hilo y valía más que no me arriesgara.

La confianza llegó a mi alma y me devolvió lo perdido. Pero no sabía que las malas artes de Hidalgo eran tan poderosas. Sus cruces de cabeza y las profanaciones le daban la fuerza para desafiar al Altísimo.

Sus conjuros no tardaron en mostrarnos su furia.

La explosión que retumbó en toda la ciudad era la prueba de que el Diablo nos atacaba. Una chispa, un cigarro olvidado o una yesca que se usó donde no se debía volaron la pólvora que teníamos guardada.

Me trepé a mi montura y a todo galope fui hacia el polvorín.

El tronido estuvo tan duro que ahogó el nacimiento de las llamas. Las paredes del edificio estaban tumbadas y quebradas, el techo se derrumbó y ninguna de las vigas que lo sostenía se miraba entera. El olor del azufre quemado me obligó a quedarme tieso. La humareda era densa, espesa; el polvo todavía no se asentaba.

Ahí me quedé, con los ojos fijos hasta que el aire recobró la transparencia.

Los soldados que lo cuidaban estaban despedazados, en la calle se miraban los cuerpos destripados de los caminantes. Las casas cercanas también estaban destruidas y apenas de algunas brotaban los quejidos de los sobrevivientes. Las rajaduras de las paredes también estaban en la carne de sus habitantes.

Satán se cargó a muchos con tal de dejarnos indefensos.

Desmonté.

No pude llegar muy lejos. Delante de mí estaba una india con el lomo hecho trizas y los huesos convertidos en las puntas que se asomaban entre la carne, el niño que le colgaba de las espalda no pudo protegerse con el rebozo. Su cara era un carbón rajado en el que se asomaba el hosco color de la sangre.

Después de eso, las piernas no me dieron para seguir adelante.

Lo que hice tal vez fue un crimen.

Volví sobre mis pasos. Y sin escuchar ningún ruego, ordené que abandonáramos la ciudad.

Mis soldados no debían mirar lo que había pasado y los cadáveres tendrían que ser olvidados. La muerte estúpida les retorcería el alma hasta arrebatarles la valentía a los vivos.

31

Juan cumplió su palabra. Desde que llegó a su lado, mintió hasta que las orejas de Iriarte se rebosaron. Siete veces juró por los clavos de la Cruz de Cristo que me había abandonado y estaba arrepentido de los meses que anduvo de alzado. Del cura bribón dijo lo mismo y, para que la duda no se asomara, sus labios se fruncían al mentar su nombre. Es más, mientras se besaba los dedos cruzados, juraba por todos los santos que su único anhelo era que Calleja y el virrey lo perdonaran. Estaba dispuesto a contar todo lo que sabía con tal de conservar la vida y el cuerpo entero. Aunque al principio dudó, Iriarte terminó por creerle. Aldama era de los suyos y sin problemas diría dónde estaba la plata que los levantiscos se robaron. Juan valía todos los reales del saqueo.

Después de que se bebieron una botella de chínguere para espantar las mentiras, el traidor le contó lo que planeaba. Los tragos junto a la muerte hermanan y aflojan la lengua. Ellos tomarían el camino que los llevaría al lugar donde los esperaba don Félix, ahí le entregarían a sus hombres para que decidiera su destino. Con un poco de suerte, algunos serían perdonados, y otros, los que ya traían el mal fario metido hasta el tuétano, terminarían topándose con la muerte.

A Iriarte sólo le importaba salvarse.

Por eso le tendió la mano a Aldama con tal de tener una carta más en su mano. Calleja no podría ignorar que llegaba con uno de los cabecillas de la rebelión y se lo ofrecía en bandeja de plata. Pero a Iriarte se le olvidó la única ley que rifa en nuestro tiempo: el más amigo es traidor y el más verdadero miente. A ese cabrón le pasó lo mismo que a nosotros cuando ustedes nos capturaron.

Ahora sé que me tardé en aprender lo más importante: en la guerra, la primera muerta es la verdad y la lealtad es la primera baja, apenas unos pocos —los primeros que estiran la pata o los que quedan testereados para siempre— son capaces de mantenerse fieles.

Las sonrisas y los tragos que refrendaban la hermandad no tuvieron sosiego mientras avanzaban. Así habrían seguido de no ser porque una noche los alcanzó el destino. Iriarte estaba medio borracho y Juan desenvainó su verduguillo. La punta matapuercos era lo único que merecía ese maldito.

Se acercó al traidor, lo tumbó y lentamente comenzó a encajarle el acero.

El verduguillo entró en sus tripas y su punta fue subiendo para atravesarle la panza y rajarle el bofe. La sangre le llegó a la garganta.

Sus chillidos se ahogaron con los borbotones que seguían el ritmo de su corazón.

Aldama se levantó y lo miró a los ojos.

—La traición se paga —le dijo y se largó sin volver la vista.

Con calma avanzó hacia los hombres de Iriarte. El acero enrojecido y las manos tintas no dejaban nada a la imaginación.

Algunos tomaron sus machetes, otros levantaron sus fusiles.

Juan les sonrió y caminó hacia la carreta donde el traidor guardaba su plata. La gruesa tela que la cubría terminó en el suelo.

—Es suya —les dijo—, agárrenla y váyanse para donde se les pegue la gana.

Todos bajaron las armas y Juan se trepó a su caballo.

Todavía puedo cerrar los ojos para invocar su imagen. Su montura caminaba despacio, la bestia cojeaba y arrastraba una pata por la deformidad que la guerra le labró en los huesos mal curados. Los ojos del animal estaban tan tristes que las nubes les opacaban la vista. Cuando Aldama los miró, se dio cuenta de que nunca volvería a recuperar la calma. El reflejo de la desgracia se le metió en el alma y la renguez le mordió una pierna.

Por más que quisiera, sus pasos nunca serían los mismos y su pata tiesa lo acompañará hasta el momento en que se alce delante del paredón.

Sólo Dios sabe por dónde anduvo después de que cumplió su promesa. Por más que quise enterarme, las palabras se contrapunteaban. Capaz que siguió a unos arrieros mientras sus ojos se detenían en las bestias condenadas al sacrificio y que resistían a la muerte y los latigazos. Las mulas, a pesar de la carne viva que se les asomaba en su lomo, se detenían a mear y sacaban la lengua para sentir la humedad que apenas marcaba su camino. Las moscas que sembraban sus huevos en las llagas apenas eran otra de sus desgracias.

Tal vez esto fue lo que pasó, pero lo único que sé de cierto es que no volvió a San Miguel.

Su casa quemada y los cuerpos de sus parientes que murieron a manos de los realistas le impedían agarrar para ese rumbo.

Durante los meses que estuvo a mi lado vio suficientes tumbas y cadáveres tirados a mitad del camino.

Tampoco podía regresar a Dolores y mucho menos tenía la posibilidad de jalar para Guanajuato o Querétaro. En esos lugares su cabeza tenía precio, y más de tres estaban dispuestos a matarlo aunque nada cobraran. La venganza les bastaba como recompensa. Vayan ustedes a saber si todo esto es cierto, pero algunos cuentan que enfiló su caballo hacia la Sierra Gorda.

En ese lugar, los montes y los barrancos lo recibieron como Dios manda.

Las grandes rocas que brotaron en tiempos del Diluvio le raspaban el alma y las caídas de agua le lavaban la sangre vieja. Allá, a mitad de la nada, estaban las misiones de los franciscanos donde podría refugiarse y encontrar la paz que agonizaba en su pecho. Los rezos y los cilicios, el cuerpo mortificado y los ruegos tal vez podrían conmover a Nuestro Señor para que lo perdonara. Dicen que Juan ya no quería sentir el paño azul y encarnado de la milicia. Su piel anhelaba la áspera lana de los hábitos. Otros dicen que tampoco quería seguir empuñando el acero, ese lugar estaba reservado para la disciplina, para las siete colas del látigo que le daría la oportunidad de acercarse a la Gloria a fuerza de llagas y cicatrices.

A pesar de que un día en la misión bastaba para que cualquiera envejeciera hasta transformarse en alguien decrépito, Juan aguantó varias semanas. Su cabello se volvió canoso y las arrugas le marcaban la cara. Sus cachetes eran belfos que casi le llegaban a la quijada.

Sin embargo, en un arranque, se volvió a montar en su caballo y abandonó a los franciscanos.

Nunca tuve la fuerza para preguntarle por qué lo hizo; de lo único que estoy cierto es de que regresó con la mirada cambiada.

Algo había en sus ojos.

A veces, cuando se quedaban fijos en la nada, se asomaba la certeza que tienen los que perdieron la esperanza. Allá, en la misión, Dios quizá le dio la espalda. Pero quién quita y su extravío significaba otra cosa: Juan tenía el corazón partido y apenas podía buscar a la muerte. Él le tenía envidia a su caballo, la mirada del animal estaba marcada por la resignación y la suya destilaba el miedo al Infierno.

32

Seguirle el rastro no era difícil. Las pisadas del cura eran tan duras como las osamentas. Por más que le hicieran, la lluvia y el viento no podían borrarlas. La primera marca se reveló cuando nos topamos con media docena de sus hombres. Todos estaban tirados y en el costado se les miraban las heridas que causan las bayonetas. Los machetazos dejan la carne molida y su largura delata el tamaño del filo; en cambio, las puntas de los fusiles hacen un agujero fruncido y casi redondo, tan hondo que hasta se puede meter una varita para encontrarle el final.

Ninguno de los gañanes alcanzó a tomar su arma. Ahí estaban, tumbados alrededor de una hoguera cenicienta en la que no se veían restos de comida. El hambre y el cansancio los habían derrotado trece veces antes de que pudieran agarrar sus machetes. Estaban dormidos cuando los atravesaron por el costado. Sus compadres no tuvieron tiempo de gritar para despertarlos. Su muerte fue buena, rápida y sin trámites. En un santiamén, el puntazo en el corazón los despachó para el otro mundo.

Los hombres del cura estaban tiesos por el frío y el tiempo. Muy cerca se miraban las marcas de sus asesinos. Las huellas que dejan las botas no se confunden y el polvo contaba la historia. Después que se los escabecharon, los realistas se quedaron a dormir junto a los cadáveres. El calor que le quedaba a la fogata no podía desdeñarse. Sólo Dios sabe si les quitaron los sarapes para protegerse de los vientos que apenas se colaban por el hoyo que les dejaron los fierros mortales.

La posibilidad de darles cristiana sepultura era un pliego retacado de tachones y arrepentimientos. Ningún sacerdote estaba con nosotros y nadie tenía ánimo para tomar una pala y rezar un rosario completo. Eran nuestros enemigos y no merecían un Padre Nuestro.

Mis hombres ni siquiera alargaron la mano para tomar los machetes carcomidos por el orín. Esos fierros ya no servían para nada, su filo tenía la maldición de las armas que no defienden a su dueño. Es más, los cuerpos hinchados estaban a nada de reventarse para soltar los miasmas de la putrefacción y la muerte. Valía más no arrastrarlos de las patas para echarlos a la fosa, una piedra filosa podía rasgarlos como si fueran monigotes y sus pestilencias se nos meterían en el cuerpo para iniciar una plaga. Las fiebres extrañas también nos seguían.

Las pisadas del cura nos siguieron mostrando el camino. Los pueblos destruidos, las iglesias quemadas y las promesas de pagar los préstamos que no se cubrirían nos esperaban en cada parada junto con las miradas hoscas. Si alguna vez peleamos por algo que valía la pena, ya sólo podíamos preguntarnos si éramos iguales a los bandoleros a los que todos les daban la espalda. La sombra del mal era nuestra única brújula.

Cuando llegamos a Zamora, no hubo necesidad de preguntar si Hidalgo se detuvo en esos rumbos. La basura que se arrastraba sobre las calles y los ojos vidriosos que se asomaban entre los postigos delataban su paso. La tierra floja en los panteones confirmaba el veneno de las miradas.

Nadie nos pensaba distintos, ningún zamorano podía saber que también lo odiábamos y queríamos venganza.

La ciudad estaba enlutada y el que no tiene sombra caminaba en sus calles. El viento de las brujas chiflaba y se nos metía en el cuerpo después de cortarnos la piel como una navaja. Mis hombres lo sentían y las piernas les temblaban: algunos se metieron en la boca sus medallas milagrosas y otros sintieron en su mano la tela bordada de sus escapularios. El deseo de embarrarse agua bendita o tener una hostia pegada al corazón estaba marcado en su alma.

Mero enfrente de la iglesia mayor estaban dos mujeres vestidas con sus mejores galas. Tenían un cuchillo en la mano y los aceros se adentraban en el anca del caballo que se quedó tirado.

Los espasmos y los relinchos de la agonía no podían detenerlas.

El animal tenía una pata quebrada y eso lo entregó a la muerte. Las manchas rojas que teñían el muaré de las faldas eran el reflejo de su demencia. Ellas nos vieron y sólo dieron un paso atrás con tal de proteger las tiras ensangrentadas que le arrancaron a la bestia.

Los pelos de la nuca se les encresparon como si fueran bestias de presa y nos gruñeron como perros rabiosos. Descuartizar a un caballo era mejor que hurgar entre la basura para disputarle una fruta podrida a las ratas que se defendían a dentelladas. Tras la partida de Hidalgo, el hambre era dueña de Zamora.

Nada hicimos para detenerlas, la insania era su dueña y sus hombres estaban con Dios. Nadie hizo nada para averiguar si les dieron cristiana sepultura o si sus cadáveres seguían colgados y con las moscas alimentándose de sus entrañas.

Cuando se dieron cuenta de que avanzaríamos sin disputarles los despojos, las mujeres siguieron rajando al caballo mientras mordisqueaban la carne amoratada.

La sangre les escurría de la boca y corría por su cuello para adentrarse entre sus pechos.

El mundo había perdido su rumbo.

Hidalgo me engañó sin quererlo ni desearlo. Yo sabía que se había largado de Valladolid y sus pasos se dirigían a Guadalajara. Cualquiera que tuviera tres dedos de frente podría descubrir sus planes. Los zopilotes nunca se quedan en el mismo lugar, siempre buscan el empuje del viento para encontrar la carroña.

A cada paso que dábamos, veíamos que sus raterías eran más desesperadas.

Ninguna moneda quedaba tras él y el eco retumbaba en los graneros hasta que se diluía en el aire. El ganado no tuvo mejor destino, todas las cabezas eran arreadas por los gañanes. Las reses destazadas y a medio comer se quedaban en los lugares donde acampaban. El cura bribón sabía que la oscuridad devoraba el futuro, por eso no medía las consecuencias de sus actos. Él ya no razonaba y tampoco deducía. A esas alturas sólo podía creer que el mundo se terminaría con su muerte.

Por más cartas que le mandaba para recriminarle su traición, ninguna tuvo respuesta.

Su silencio me daba en la cara y me obligaba a encajarle las espuelas al caballo.

A como diera lugar tenía que alcanzarlo antes de que se escapara. En esos días empecé a pensar que sus pasos no se dirigían a Guadalajara. Ese destino sólo era un pretexto para que nadie descubriera lo que haría.

Estaba seguro de que quería llegar a San Blas, ahí se treparía en una nave con toda la plata y se largaría a donde nadie pudiera encontrarlo. De alguna manera llegaría a los Estados Unidos o, a lo mejor, hasta se iría a Francia, al lugar que le llenaba de calenturas la cabeza.

La riqueza que tenía le daba para eso y más.

Negarlo no tiene caso. Estaba equivocado. Hidalgo avanzaba hacia Guadalajara. La ciudad estaba en manos de los alzados, y su mandamás lo esperaba con los brazos abiertos.

Satán juega con dos barajas y esconde las cartas mayores: mientras Calleja nos vencía en Aculco, el Amo Torres masacró en Zacoalco a los hombres que trataban de frenar su avance.

Después de esa matanza, Guadalajara abrió las puertas y se preparó para recibir al Anticristo.

33

En Tlaquepaque lo estaban esperando. La matanza de Za-coalco y la lejanía de Calleja les doblaron las manos a los que podían resistir. Los principales que no alcanzaron a poner tierra de por medio tenían las cicatrices de la resignación. Ahí estaban, parados y con la vista perdida en el camino que venía de Valladolid.

Ninguno se atrevía a cobijarse en la sombra del palio.

Ese lugar sólo podía ser ocupado por Hidalgo.

A pesar de esto, sus desgracias no eran tan grandes: los ga-chupines y los criollos de alcurnia casi se sentían tranquilos y podían jurar que el cura aceptaría las condiciones que les puso su achichincle. El Amo las había cumplido en buena ley. Sus hombres no atacaron las casas de los españoles de Guadalajara y las mujeres conservaron su pureza.

Los bandoleros se habían conformado con robar en los pue-blos cercanos y revolcarse con las putas o profanar a las indias y las mulatas que tenían la pelambrera piojosa. Alguien tenía que pagar y valía más que lo hicieran los muertos de hambre.

Cuando el sol les caía como una plomada en la coronilla, las campanas empezaron a repicar.

Hidalgo llegaba y nada tardó en presentarse delante de ellos.

Sobre su sotana se miraba la banda de generalísimo y del gañote le colgaba la placa con la imagen de la Virgen. Su sable pendía de un lienzo encarnado y ahí también estaban zambutidos los pistolones que jamás disparó. El rostro apenas se le distinguía, la sombra de su sombrero de ala ancha ocultaba sus rasgos.

El Torero se puso en cuatro patas, Hidalgo desmontó y avanzó hacia la sombra.

Antes de sentarse en la silla estofada pidió algo de beber. Su voz, aunque apenas se escuchó, era un mandato que no podía ser ignorado.

Sus ojos rechazaron el jarro que le ofrecieron.

El cura no quería agua con sabor a barro. Sin que sus amos les dijeran nada, los criados corrieron y abrieron la tapa de un barril para ofrecerle un fajo de aguardiente.

Su mano sintió el peso del vidrio soplado, y antes de beberlo sus dedos recorrieron el grosor de su boca.

El Amo se acercó, detrás iban los principales de Guadalajara.

Uno a uno los fue presentando y la sombra del palio se pobló con las sillas más toscas que pudieron conseguir. Por más que fueran, los equipales no tenían la enjundia para ensombrecer el trono dorado.

Los gachupines y los criollos se limpiaron el sudor.

Ninguno pidió algo de beber.

—Gracias por recibirme como lo merezco —les dijo el cura.

Su voz sonaba tranquila, casi satisfecha.

En ese momento, ni las moscas zumbaban. Todos esperaban que continuara con su discurso, pero su lengua se quedó callada mientras sus ojos medían a los que ahí estaban. Un gesto bastaría para que los traidores se revelaran. Las líneas que el sudor les trazaba en la frente le alegraban el alma. En un descuido, el calor no daba para tanto.

Uno de los gachupines se atrevió a romper el silencio.

—La ciudad lo espera en paz —murmuró el hombre que tenía la papada enrojecida por el sudor y el roce de la ropa.

Como si nada pasara, el Torero le puso la mano en el hombro. Todos conocían la fama del matasiete.

El hablantín se llevó la mano al pecho. Necesitaba apretárselo para que el corazón se le atreguara.

Don Miguel volvió a mirar al criado.

Su cuerpo reclamaba otro trago.

—Perfecto —respondió el cura—, ahora sólo hace falta que me expliquen cómo organizaron el desfile triunfal.

Los españoles se miraron entre sí. Nada de esto les dijo el Amo y el cura los agarró con los calzones abajo.

—Por eso mismo estamos aquí —dijo el gachupín que apenas pudo sacar al buey de la barranca—, queremos escucharlo y cumplir sus mandatos.

Hidalgo sonrió y comenzó a explicarles sus deseos: en las calles por las que pasara se levantarían arcos de triunfo, los integrantes de la curia abrirían la marcha con el estandarte de la Guadalupana y él avanzaría bajo un palio que sería sostenido por las autoridades de la ciudad. Todos los que marcharan a su lado debían mirar al suelo para demostrar sumisión. Tras él caminarían el Amo y las tropas. Ninguna campana debía quedar sin sonar y, según lo dijo, no estaría nada mal que los poetas de Guadalajara le escribieran una bienvenida y compusieran una comedia para celebrar su fama y sus triunfos. El tiempo que descansaría en Tlaquepaque bastaba para que sus modestas peticiones se cumplieran a carta cabal.

Las instrucciones para las comelitonas también fueron precisas: todos los cubiertos debían ser de plata y las copas de pata larga. La música apenas sería un murmullo y debía ahogarse en el momento en que tomara la palabra. Del *Te Deum* apenas dijo unas pocas cosas, sólo recalcó que frente al altar se levantara el lugar donde se sentaría sin que nadie pudiera acercársele. "Yo sólo puedo estar cerca de mis hijos", remató Hidalgo antes de sonreírles.

—Todo se hará como usted lo indica —afirmó uno de los principales.

—¿Quiere algo especial para la plebe? —inquirió otro con un dejo de ironía.

El cura lo miró con rabia y el Torero se acercó al preguntón. El instante se transformó en una eternidad.

—Tiene usted razón —le respondió el cura con una sonrisa beatífica—, mis hijos también merecen lo suyo. Todos saben bien lo que puede pasar si se sienten desairados. Ellos sólo reclaman lo que otros les robaron. Denles comida y bebida, preparen los toros y las banderillas, y no olviden a los músicos que tocarán jarabes hasta que el sol se asome.

El rostro de los europeos se ensombreció.

—No se preocupen, el Amo sabe cómo traerles corta la rienda, pero no puede responder por los desaires que les hagan.

Sus exigencias fueron cumplidas una a una y la gente de Guadalajara fue obligada a salir a la calle para admirar su entrada. Ninguna joven bien nacida se quedó en su casa, todas sostenían las cestas con los pétalos que lanzaban al piso y pisoteaba su montura. Los ojos del cura se detenían en su cuerpo y traspasaban las mantillas más oscuras. Aunque quisieran negarlo, muchos sabían que las flores que sintieron el golpe de las herraduras eran la profecía de su destino.

Hidalgo desmontó frente a la catedral y entró en el templo acompañado por la curia.

El fresco lo hizo detenerse delante de la pila de agua bendita.

Lentamente extendió la mano hasta que sus dedos entraron en ella.

—Aquí tienen ustedes al hereje —le dijo a los sacerdotes.

El rostro de don Miguel era inescrutable.

Nadie respondió y él caminó hacia el dosel que lo esperaba delante del altar.

—Que comience el *Te Deum*. No tengan miedo de nada... yo soy uno de los endiablados que no arden cuando se levanta el pan milagroso.

El banquete de la victoria que se ganó sin batallas estaba listo. Sobre las mesas brillaban los cubiertos de plata y las copas de pata larga. Ninguna tenía las opacidades que dejan los dedos mantecosos. Los más de cien lugares esperaban a sus ocupantes. Ellos estaban afuera, en el patio. Nadie podía entrar hasta que Hidalgo lo ordenara.

El tiempo pasaba lento, las sombras se alargaron antes de que el Torero y sus rufianes se apersonaran.

—Entren —les dijo el matasiete—, el patrón no tarda en llegar.

Todos obedecieron y comenzaron a tomar sus lugares.

Lentamente, el siseo de las conversaciones comenzó a escucharse.

Dos golpes en la puerta silenciaron las voces.

—Calladitos, por favor. Estense calladitos hasta que llegue el patrón, entonces podrán aplaudir y echarle vivas como Dios manda.

El Torero cerró la puerta y la mudez se adueñó del lugar.

Todos cumplieron las órdenes. Hidalgo entró entre vivas y aplausos. Sus pasos eran lentos, quería que todos lo admiraran.

Antes de sentarse, tomó la palabra.

—Gracias hijos míos, gracias... su amor me conmueve. Y más me conmueve lo que algunos me han suplicado con lágrimas en los ojos. Yo sé que quieren llamarme príncipe, pero eso es un exceso para alguien como yo. Un criollo que tuvo un padre casi ciego y que cuidaba tierras ajenas no puede aspirar a tamaños honores. Por favor, no me avergüencen ni me sonrojen, para mí basta con que ustedes me digan alteza serenísima y hagan una reverencia. Lo demás está fuera de lugar.

La gente, más por miedo que por ganas, se levantó de sus lugares y aplaudió mientras un lamebotas gritaba *¡Viva Su Alteza Serenísima!*

No sé a qué les supo la comida, pero a muchos les debe de haber quedado el sabor de la hiel y el vinagre pasado, el de la bilis negra y el empacho que arde en las tripas. Es más, ¿quién tiene los tamaños para decirme que, cuando llegaron a sus casas, no regurgitaron como si tuvieran vómito prieto?

Esa noche todos se tragaron la rabia y la deshonra. En el teatro, las órdenes del Torero se repitieron como si las dijera por primera vez, y la función no comenzó hasta que el cura puso un pie en el lugar. Hidalgo llegó vestido con una sotana engalonada y una banda que le cruzaba el pecho. Él era Su Alteza Serenísima y, para que su figura se viera adornada, a sus lados caminaban dos jóvenes. Eran bellas y de buena sangre. Sus familias las vistieron con la ropa que apenas se acercaba a la decencia. Su escote era tan bajo que lindaba con sus pezones. Las dos sonreían, pero en sus caras se adivinaba la mueca del asco.

Ninguna estaba ahí por su gusto.

Ellas debían acompañar al cura que tal vez firmaría el indulto para los hombres de su familia. La carne firme y pura era el pago por no entregarlos a la plebe.

Dicen que la obra no era buena. El hombre que la escribió apenas tuvo unas pocas horas para llenar los pliegos y los actores sólo la ensayaron dos veces con los papeles en la mano. Con muchos tropezones, sus palabras seguían las líneas y el apuntador que se las recitaba desde la concha del escenario a ratos imponía su voz a los parlamentos.

Sin embargo, nada de esto importaba: lo que pasaba en el tablado era lo que el cura había pedido. Una comedia que contara sus hazañas y les mostrara a todos sus infinitas victorias. Él era el nuevo Cristo, el Jesús de la venganza y la lujuria, el único que podía salvar a sus hijos y perdonar a los enemigos, el alfa y el omega que corrían a la par del mundo.

Cuando la obra terminó, la gente se levantó a aplaudir y arrojó monedas de oro y plata al escenario para mostrar la satisfacción que no tenían. Su Alteza Serenísima sólo levantó las nalgas para opacar a los actores con los vivas que le gritaron.

La noche ya estaba entrada cuando Hidalgo llegó a sus aposentos. La boca le olía a aguardiente y los dedos a la manteca de la comida. Las jóvenes que lo acompañaban no volvieron a sus casas hasta que el sol se asomó.

Esa mañana, las dos tenían la mirada baja y su piel apestaba a macho cabrío.

Ninguna volvió a pronunciar una palabra, ni siquiera asintieron cuando su familia habló de recluirlas. Delante de su confesor también se quedaron calladas, pero el sacerdote entendía sus silencios.

—Dios premiará su sacrificio —les dijo antes de que salieran del confesionario.

Ese cura tenía razón. Don Miguel firmó los indultos y ellas, después de que entraron al convento, se colgaron del pescuezo para aplacar sus vergüenzas. Fueron las únicas suicidas que se enterraron en el atrio de la catedral.

Los días se repetían sin que la piedad los aluzara. El cura se pavoneaba por la ciudad con dos jóvenes a su lado. A ninguna se le vio en dos ocasiones seguidas. Las fiestas y los jolgorios no paraban y las loas a Su Alteza Serenísima no tenían freno.

Los que lo vieron cuentan que una noche llegó un carruaje con los cortinajes cerrados y que de él bajó una figura embozada. Don Miguel había ordenado que se apagaran las farolas de la calle hasta que esa persona entrara a la casa que ocupaba.

—Don Fernando vendrá y no quiero que nadie lo vea —les dijo a los criados para que no se atrevieran a asomarse.

Yo oí la historia muchas veces y el nombre de la persona siempre era el mismo: la Fernandito. El embozado era mujer.

Algunos sostenían que era una de sus bastardas que apersonaba para que le entregara una alforja de plata; pero otros juraban que esa joven sólo llegó para rogar por la vida de su padre y que, antes de ir por él a la cárcel, entre las piernas se le quedó pegado el olor del almizcle.

La Fernandito apenas estuvo unos pocos días en la ciudad y, antes de que mis hombres y yo pusiéramos un pie en Guadalajara, se fue para siempre en un carruaje negro con los cortinajes corridos.

34

Las salvas rajaron el silencio cuando entramos a Guadalajara. Mientras avanzábamos hacia el centro, los cañones y los fusiles disparaban sin recato. La humareda llegaba a los balcones y ahí se quedaba, flotando como una nata. La gente tosía y se tallaba los ojos con tal de arrancarse la picazón del azufre.

Los hombres de Hidalgo estaban a lo largo de las calles que nunca serían nuestras. Ninguno parecía distinto. Los muertos que encontramos tirados en el camino eran iguales a los palurdos que se desgañitaban. Las ropas desgarradas, las carnes apenas cubiertas con una cobija herida, las tilmas astrosas, los pies desnudos con los talones amarillentos y las caras labradas por la miseria eran los distingos de la gentuza que le cuadraba al cura.

Apenas habíamos caminado unas pocas calles, cuando el Torero apareció con diez de sus secuaces.

Sus monturas se miraban adornadas hasta el ridículo, su ropa ofendía la vista. Las sillas de sus caballos estaban tachonadas con monedas de plata, y sus calzones de terciopelo no alcanzaban a ocultar las pantorrillas prietas, lampiñas y desnudas. Su suavidad de la tela te abofeteaba cuando tocaba el burdo chaquetón de cuero que a fuerza de manchas de sangre tenía trazada la historia de sus crímenes. Sus pecheras colmadas de holanes eran un rayo que se estrellaba con sus sombreros rancheros. Ninguno tenía un sable colgando de la silla, ahí sólo se veían los gruesos machetes con cachas de cuerno.

Los caballos caracolearon hasta que tuvimos que detenernos. Mi mano alzada bastó para que el ruido de la marcha se atreguara.

Por más que lo quisiera, no podía desenvainar mi sable para ordenar el ataque.

Estábamos rodeados. Las fuerzas del Amo y el cura nos sobrepasaban con mucho.

El Torero y sus matones se incorporaron a la columna. Él se puso a mi lado y tras de mí se acomodaron sus hombres.

—Vamos —me dijo—, el patrón y el Amo lo esperan. Nomás no se pavonee demasiado, a los jefes no les gusta asolearse.

Seguimos avanzando. Unas cuantas calles más adelante los encontramos.

El tablado donde nos esperaban era alto. Sus siete escalones hacían que el cura estuviera por encima de cualquier jinete con una montura de la mejor alzada.

—Bienvenido, don Ignacio —dijo con los brazos abiertos y la voz firme.

Al escucharlo, la leperada volvió a gritar sus vivas mientras los asesinos del Torero la azuzaban.

Lo vi a los ojos y le sostuve la mirada.

Ya no era el cura levantisco, su ropa era la de Su Alteza Serenísima. Tras él se miraba a las jóvenes que estaban condenadas a acompañarlo hasta que se hartara de su carne.

Hidalgo sonrió, su mueca me ardió en la cara.

Sin disparar un tiro me había derrotado. Después de lo que pasó en las calles, nadie creería que me había traicionado y que a nada estuvo de entregarme a Calleja y sus toques a degüello. La gente se convenció de que yo era leal y entraba a la ciudad como si fuera un héroe.

A esas alturas apenas me quedaba un camino: esperar el momento preciso para cobrarle todas las que me debía.

Hidalgo era peor que los Borbones. Ellos se proclamaron monarcas absolutos por la gracia de Nuestro Señor y el cura hizo lo mismo con las armas y los poderes de Satán. Por más que cargaba conmigo a todos sus jelengues, yo sabía que no era por amistad ni por deferencia. Quería tenerme cerca, evitar que me encontrara con mis hombres o parlara con los gachupines y los sacerdotes que le traían ganas. Don Miguel se volvió mi sombra y su presencia seguía firme en las noches. Junto a mi puerta nunca faltaba uno de los hombres del Torero.

Yo vi cuando firmó el decreto fatal sin que le temblara la mano. Cada una de esas letras era una amenaza de muerte que se cumpliría sin miramientos: la persona que se atreviera a mal hablar o a insultarlo sería pasada a cuchillo. Las maledicencias no podían rozar a Su Alteza Serenísima ni a sus hijos. Y, para que a todos les quedara claro que no estaba tan contento con sus favores y los que curvaban el espinazo, también ordenó que nadie, absolutamente nadie ocultara sus riquezas. Todas debían ser entregadas a la causa del pueblo bueno. Cualquier intento por esconderlas merecía que el Torero y los suyos registraran sus casas. Ellos no eran como Dios que castiga sin palo y sin cuarta.

Cuando ese papel llegó a manos de los pregoneros y los pliegos se pegaron en las esquinas, la gente empezó a prepararse para lo peor.

El Apocalipsis de Guanajuato se anunciaba con los gruñidos del dragón de siete cabezas.

La gente ya sólo tenía una cosa en la sesera, a como diera lugar debían salvar su riqueza. Los hoyos en las paredes y en los patios empezaron a crearse para tratar de ocultar lo que les quedaba. Sus esfuerzos fueron en vano. Los vecinos —con tal de ganarse un salvoconducto o una palmada en el lomo— los denunciaron de inmediato. El miedo a la muerte y la tortura acuchilló la piedad. Así, antes de que pasara una semana, en el cuarto del cura había más de trescientos mil pesos de plata y sus dueños colgaban en las plazas para mostrar que nadie podía engañarlo.

El destino de ese dinero no era un secreto.

La chusma recibía sus monedas con la puntualidad del mejor campanero, mientras que los sastres apresuraban las puntadas para crear los uniformes de los elegidos y los vestidos que resaltaban el emputecimiento de sus amantes. Ninguna moneda se gastó en las fiestas, ellas corrían por cuenta de la gente que tenía la obligación de lamerle las botas.

Poco a poco, la plata se volvió un fantasma y en las alforjas de los gachupines apenas se sentían los hilachos de las puntadas. Las jóvenes que merecían ser desvirgadas también comenzaron a escasear. Cada día que pasaba, sólo aumentaba el número de feas que no le entiesaban el moco de guajolote al cura.

Guadalajara se volvía aburrida. Calleja se acercaba.

El tiempo de la matanza empezó a anunciarse. Antes de morirse, el sol teñía de colorado el cielo. Los gachupines a los que nada les quedaba fueron a dar a la cárcel. Ahí se quedarían engrilletados hasta que a Hidalgo se le pegara la gana. Un himen profanado y una bolsa vacía no eran razones para darles oído a sus ruegos.

Los murmullos del odio comenzaron a escucharse.

Las grandes voces jamás pronunciaban un insulto y las maldiciones no brotaban de los gañotes; pero, en las miradas, los puñales revelaban su filo.

Don Miguel ya no sólo quería que le lamieran las botas. Había ordenado que lo amaran, pero la gente bien nacida se negaba a hacerlo. Por eso había que castigarla; apenas de esa manera las voces recuperarían el horror que daría paso al amor sin límites.

En esos días, el Torero entraba a verlo con un papel en la mano.

El cura lo leía con calma y señalaba los nombres que le cuadraban. Después de ir a la cárcel, el Torero se los llevaba a las afueras de la ciudad.

—A ver, cabrones, pónganse los dedos en la cabeza —les ordenaba—. Ustedes son los toros y nosotros los matadores.

Uno por uno, los gachupines se enfrentaban a las banderillas y al capote.

Ninguno podía negarse a la corrida, para eso estaban los picadores que los obligaban a bufar y seguir adelante hasta que el estoque se les clavaba en el lomo y les salía por la panza. No todos se murieron a la primera. El delgado acero del Torero se enchuecaba cuando se atoraba entre los huesos de la espalda.

La gente sabía lo que pasaba, pero nadie se atrevió a enfrentar al cura.

Una sola palabra bastaría para que se convirtieran en novillos del Torero.

35

Las calenturas del cura me alejaron de su mirada. La tentación de un cuerpo joven y recién descubierto pesaba más que la desconfianza. Un virgo intacto y una gota de sangre en una sábana inmaculada eran irresistibles. Esa vez, ni siquiera el Torero siguió mis pasos en el camino que alumbraba con una farola.

Gracias a las sombras y la lujuria pude encontrarme con ellos.

Mi hijo Indalecio, que Dios tenga en su Santa Gloria, logró lo que parecía imposible. El gobernador de la mitra y varios criollos de buena cuna me esperaban en la casa de un tipo cualquiera.

La mujer que me abrió la puerta sólo me llevó a la sala y se metió en su cuarto para tapiarse las orejas. Ahí, sin que nadie pudiera oírnos, hablamos de las desgracias. Todos necesitábamos vomitar la bilis que nos apuñalaba el hígado y los riñones. Desde que la rebelión había comenzado, el gobernador de la mitra conocía nuestras desavenencias y tenía claras las traiciones de Hidalgo.

Las palabras corrían libres y me sinceré sin miedo.

No hubo necesidad de que me dieran una copa para soltarme la lengua. La seguridad de que los enemigos del cura eran mis amigos me obligaba a contarles la verdad desnuda.

—No puedo enfrentarlo en las calles —les dije mientras me besaba los dedos en cruz—, para derrotarlo tendría que combatirlo a campo traviesa; pero él sabe esto, y por más que lo intente no caerá en la trampa. ¿Para qué nos engañamos y gastamos saliva de balde? Si tratara de abandonar la ciudad con mis hombres, Hidalgo lo impediría de inmediato y me acusaría de traicionarlo. Lo demás es obvio: mi vida apenas duraría un suspiro y mis soldados me acompañarían a bailar con la pálida antes de que cante el primer gallo.

El prelado me escuchaba mientras su mano acariciaba la larga botonadura de su sotana.

Su rostro se mantenía quieto, sereno. Los años en el confesionario le habían curtido las orejas y la mirada.

—Entonces, ¿qué podemos hacer? —me preguntó.

Su voz no intentaba ocultar que conocía la respuesta.

Se la di sin miramientos.

—Envenenarlo —dije con calma.

El sacerdote me miró y apenas asintió con un movimiento de cabeza.

Sin decir una palabra se levantó de su asiento. Yo me hinqué y le besé la mano.

—Que Dios nos salve y castigue a los que algo digan sobre lo que aquí conversamos —murmuró, y se fue sin despedirse.

Todos nos quedamos callados.

En silencio nos fuimos saliendo de uno por uno. Ninguno quería despertar sospechas ni provocar a los lenguones.

Después del encuentro, las noches se volvieron largas y las gotas de cera que caían en el mueble sonaban como truenos. El insomnio me obligaba a pensar y repensar en lo que hice. El gobernador de la mitra podía ser un traidor y el cura conocería mis planes. Todo el tiempo que pasaba a su lado miraba su rostro. A como diera lugar tenía que hallar una seña que lo delatara. Una ceja alzada, una mueca de odio o una mirada hosca bastarían para que un escribano llenara el pliego de mis últimas voluntades. Así hubiera seguido hasta que la locura se adueñara de mi seso, pero me salvé por los milagros que ocurrieron el mismo día.

Cuando el sol apenas estaba brotando entre los cerros, Juan volvió desde quién sabe dónde, mi hijo Indalecio se sentó a escucharme y, esa misma mañana, la india que aseaba mi cuarto me entregó una pequeña botella. El vidrio verdoso y marcado con pequeñas burbujas que se quedaron atrapadas dejaba ver el líquido casi espeso. Aunque la tentación de olerlo era grande, por miedo me aguanté las ganas de hacerlo.

—La persona que se la manda dice que ya sabe para qué es —dijo la india y se quedó parada junto a la puerta con tal de que nos saliéramos.

No tenía ninguna intención de retrasarse con sus tareas.

No tuvimos tiempo para celebrar el regreso de Aldama. Su ánimo no estaba para fiestas, y lo que ocurría nos obligaba a la acción.

—Es veneno —les aclaré antes de que me preguntaran.

Indalecio y Juan detuvieron sus pasos.

—Tenemos que matarlo —dije con voz firme.

Nada me cuestionaron. Sólo mostraron su acuerdo con la mirada.

Valía más que no se enteraran del nombre de la persona que mandó el veneno. Si fracasábamos, nuestras vidas bastarían para evitar que la muerte entrara a la curia.

El momento del asesinato se resistía a mostrarse. En ninguna de las comidas los platos se quedaron solos y la posibilidad de entrar a la cocina sería más que notoria. La trampa se descubriría cuando la guisandera se lamiera la mano para probar el sabor del platillo.

Los días se volvían lentos, los péndulos de los relojes parecían estar sumergidos en atole. Los tres sentíamos el incesante dolor en la nuca, los músculos tiesos por las preocupaciones nos pasaban la cuenta.

Cuando el fracaso ya estaba delante de nosotros, ocurrió el milagro.

Hidalgo dejó la mesa y los tres nos quedamos solos.

El vaso de aguardiente no se enturbió con las gotas que le pusimos. Su número era preciso, era el mismo que tenían las monedas que Judas recibió por traicionar a Jesús.

Don Miguel volvió acompañado por uno de los hombres del Torero.

Sin disculparse por su ausencia se sentó mientras el bandolero carraspeaba.

—Ten —le dijo mientras le ofrecía su vaso—, no vaya siendo que se te salga un gargajo y le caiga a mi comida.

El gañán se bebió el contenido de un jalón y se limpió la trompa con la manga.

—Gracias, padrecito.

No pudo decir otra palabra. Cayó sin meter las manos y del hocico le brotaron babas espesas y verdosas.

Hidalgo lo vio.

Nada hizo para tratar de salvarlo. Sus ojos estaban fijos en el cuerpo que se retorció y se arqueó hasta que se le quebraron los huesos.

Cuando su respiración se apagó, el cura se paró y le puso la mano en el cuello.

—Ya no hay nada que hacer… ni modo, así son las cosas —dijo con una calma que nos dejó helados—. Hay gente que se muere en lugar de otra. Por más que algunos le busquen, las personas no se difuntean cuando los traidores lo anhelan. Nadie se muere cuando quiere, los hombres sólo entregamos el alma cuando podemos.

Fingimos demencia. ¿Qué otra cosa podíamos hacer?

Mientras el Torero levantaba el cuerpo de su rufián, Hidalgo reanudó la conversación como si nada hubiera pasado.

—Pronto nos enfrentaremos a Calleja —nos dijo con una tranquilidad peligrosa—. En esa batalla veremos de qué cuero salen más correas. Es más, ése será el momento en que la gente demostrará su bravura… Ya lo había pensado, pero ahora me convenzo de que no me faltaba razón: ustedes tres son los más valientes, los más arrojados… por eso deben estar en la primera línea del combate.

Juan, Indalecio y yo asentimos.

La condena había sido dictada: el Torero no se encargaría de nosotros, la muerte correría por cuenta de los fusileros de Calleja. Las traiciones sólo se pagan con plomo.

El veneno perdió su sentido. Antes de que Hidalgo comiera o bebiera, un indio probaba sus alimentos mientras lo miraba con ganas de atinarle a su futuro. Por si esto no bastara, desde ese día también lo empezaron a acompañar los que estaban dispuestos a todo. Los hombres del Torero y sus palurdos más fieles lo cubrían para que nadie pudiera acercársele. Y, cuando llegaba la noche, permanecían en la puerta de su habitación mientras oían los gemidos y los lamentos que brotaban del cuarto.

36

Las noticias sobre Calleja no tenían manera de sosegarse. Los nubarrones que llegaban con sus palabras cada vez se volvían más prietos, y sus relámpagos presagiaban la batalla definitiva. Sin embargo, delante del último combate, el toque a degüello no podía amedrentarnos. A esas alturas de las matanzas, su fuerza ya se había perdido. Los caminos flaqueados con cabezas ensartadas en picas eran un horror de todos los días y los ojos se nos acostumbraron a verlas junto a los perros que saltaban para arrancarles un trozo de papada. El olor de la grasa amarillenta era el látigo que los obligaba a pararse en dos patas para tratar de tumbar la lanza. ¿Para qué lo niego?, sólo los hombres que se pasaban de piadosos desenfundaban su pistola para matar a los animales que zurraban cadáveres. Esos soldados, vayan ustedes a saber por qué, creían que los difuntos merecían respeto y que su plomazo estaba bien gastado. Ya bastante tendrían esos muertos cuando empezara el Juicio Final y sus cuerpos descabezados se levantaran de la tumba para presentarse ante Nuestro Señor. Ellos, aunque pudieran ser perdonados, jamás podrían oír las divinas palabras y las trompetas de los ángeles. Por más que la merecieran, la salvación eterna les sería negada.

Sin pedirle permiso a nadie, Calleja transformó la venganza en la única ley de sus tropas. Por eso firmó un bando marcado por la revancha sin bridas: por cada uno de sus hombres que muriera, cuatro lugareños serían fusilados aunque no tuvieran vela en el entierro; y por cada herido, cuatro más serían desmembrados con caballos y tenazas. Vi sus cuerpos mutilados y sus cabellos que encanecieron a fuerza de tirones y hierros. La mudez fingida y la falsa ceguera también serían sin miramientos: nadie podía tragarse las palabras y ninguno tenía permiso para mirar a otro lado sin poner su vida en peligro. Todo lo que vieran y supieran del cura debía ser contado antes de que los realistas se lo preguntaran. Si a alguien le comían la lengua los ratones, le sorrajarían veinte azotes, y sobre las llagas le embarrarían sal pulverizada.

Sus amenazas eran reales y todas se cumplieron a carta cabal.

Cualquiera que tuviera pinta de alzado debía confesar lo que sabía y lo que ignoraba. Pero, dijera lo que dijera, su cuerpo terminaba tirado en la plaza con el lomo rajado a los chicotazos. Veinte latigazos no los aguanta cualquiera, y muchos menos resisten la quemadura de la sal.

El miedo les encadenó las patas a los que andaban con ansias de irse a Guadalajara para sumarse a la horda del cura. Desde que Calleja firmó ese bando, ningún miserable se apersonó en los cuarteles. El recuerdo de los colgados, de los hombres que amarraron a cuatro caballos y de los cuerpos que tenían el lomo llagado les mataban las ganas de pasarse de bravos.

Ustedes saben que no miento: por más gente que tuviéramos, a esas alturas estábamos solos.

Las discusiones sobre lo que podíamos hacer nos obligaban a levantar la voz mucho más de lo que debíamos. El deseo de mandar al carajo al cura y sus achichincles cada vez se mostraba con más enjundia. Ellos estaban más jodidos que nosotros. Las locuras no le daban tregua a su sesera. A pesar de esto, Aldama y yo sabíamos que no había manera de que impusiéramos nuestros planes. Nada podíamos contra el cura y el Amo. Ellos —por más que tratábamos de convencerlos de lo contrario— estaban seguros de que Calleja no tenía los tamaños para vencernos.

—Nos sobran cañones —decía el cura mientras su pecho se inflaba con ganas de que le colgaran una ristra de medallas con esmaltes encarnados.

Y nosotros, con tal de seguir adelante, le recordábamos las metidas de pata del Sabelotodo de Martínez; pero ningún despanzurrado podía abrirle las orejas encerilladas ni quitarle las chinguiñas que lo cegaban. Don Miguel sólo nos restregaba en la jeta la envidia que nos carcomía el alma y nos envenenaba la lengua. A él no le importaban los gañanes que se murieran por culpa de ese malnacido. De dientes para fuera, Hidalgo nunca se equivocaba. Y, si por gracia del Cielo se cometía un error, otros tenían la culpa. Siempre había una nueva conjura en su contra, nunca faltaba el cabrón que sólo quería dejarlo mal parado. Él era Su Alteza Serenísima y su voz era la de un Cristo impío.

Pero, ahí donde ustedes la ven, ése no era el único asegún que nos fueteaba la cara: si nosotros volvíamos a insistir en que se entrenara a la chusma, Hidalgo también nos mandaba al Diablo.

—El valor de mis hijos basta y sobra para pararse en jarras delante de cualquier gachupín —nos decía con una seriedad que cualquiera podría oír como una verdad inmaculada.

Y, para acabarla de fregar, al corifeo de Hidalgo siempre se le quemaban las habas con tal de tomar la palabra para demostrar nuestros errores.

—Nos sobran hombres para atacarlos de frente —remachaba el Amo para demostrar la cobardía que según él teníamos metida hasta el tuétano—. ¿Les parecen pocos los tres mil jinetes y los casi veinte mil hombres que están dispuestos a rifársela hasta la muerte? Junto a ellos, los soldados de Calleja son menos que nada, y cuando vean a nuestros valientes se van a culear como maricas.

Juan y yo terminamos por mordernos la lengua.

A esas alturas estábamos cansados de discutir y proponer.

Por esta cruz les juro que el cura era incapaz de darse cuenta de que la desgracia nos pisaba la sombra. Estaba necio en que esperáramos a Calleja para vencerlo en una sola batalla. Hidalgo no podía aceptar que mi estrategia era la carta que nos quedaba para apostar a la segura: debíamos atacar sus columnas y negarnos al combate definitivo. A como diera lugar teníamos que cortar los caminos por donde le llegaban pertrechos y, al final, cuando sus hombres estuvieran mermados y con pocos disparos, presentaríamos batalla en un lugar favorable.

Lo demás era una locura, un camino hacia la muerte.

El tiempo pasaba y los mensajes cada vez se hacían más duros, pero ninguno tenía la rudeza de lo que pasaba en Guadalajara. Los gachupines y criollos encumbrados que se convirtieron en los novillos del Torero no fueron los únicos que desaparecieron. Cada mañana, en los campamentos se miraban más lugares vacíos. Los palurdos preferían huir y luchar contra los gruñidos de sus tripas a enfrentarse a Calleja. A ninguno le importaba si el cura gritaba que en el mundo no existía un ejército que tuviera tantos cañones como el nuestro, o si la Virgen se aparecería entre las nubes para hacer el milagro de que las balas enemigas no mataran a nadie. Sus palabras caían en oídos sordos. El nuevo Jesús no podía detener las deserciones.

Al cabo de unos días, la desesperación le marcó la frente. Los huecos que miraba en los campamentos no se podían ocultar. Y, cuando después de que el miedo le hundió las arrugas de la cara y le apretó los güevos, volvió a tomar la pluma para invocar a Satán: todos los desertores pagarían su cobardía con la muerte.

Al principio, los miserables dudaron de la voz de los pregoneros y de lo que otros les leían en los papeles pegoteados con engrudo. Aún creían que con alzar los hombros podían escaparse del castigo y poner tierra de por medio; pero, antes de que el sol llegara al centro del cielo, el Torero y los suyos destriparon a diez en los campamentos.

La sospecha de que se largarían bastó para que le dieran gusto a sus machetes y sus charrascas.

Los patarrajada estaban atrapados entre dos espadas: la de Calleja y la del cura. Ninguna tenía una brizna de piedad y sólo les quedaba la posibilidad de las plegarias: si por gracia de la Guadalupana los realistas eran vencidos, la voracidad de los saqueos podía reanudarse y serían los dueños del Reino.

El hambre de siglos y la envidia de milenios era lo único que los mantenía en sus puestos. Los harapientos que no huyeron estaban tan chiflados como Hidalgo y el Amo.

El viento de la noche tenía el filo de los sables y la humedad que aflojaba los mocos. Los chiflones que llegaban del lago nos obligaron a echarnos un sarape en la espalda antes de que las palabras se helaran.

Detrás de nosotros estaban mis hombres. Y si alzaba la vista podía mirar los miles de sombras que recortaba la luz de luna. Esas oscuridades eran los hijos del cura y los jinetes del Amo.

Las mulas apenas rebuznaban de cuando en cuando. Sus orejas tiesas parecían pencas de magueyes negros. El peso de los cañones las tenía quietas y los fuetes aún no sangraban sus lomos para obligarlas a jalar el peso de la muerte. Al final, más allá de mi vista, estaban las carretas con pertrechos para la batalla: los toneles de pólvora, los trozos de metal que se transformarían en metralla y las balas se apilaban en ellas. Eso era lo único que no podíamos negarle al cura: nunca antes tuvimos tanto armamento.

Hidalgo nos miró antes de ordenar el avance.

El Amo, Juan, Indalecio y yo esperábamos a que su mano indicara la marcha.

—Mañana almorzaré en Puente de Calderón, comeré en Querétaro y cenaré en la capital —nos dijo con la ceguera del que se niega a abrir los ojos.

El Amo fue el único que le palmeó la espalda y le sonrió con franqueza, los demás sólo teníamos la posibilidad del silencio.

—Señores —nos ordenó el cura—, ustedes que son los guerreros más bravos, avancen al frente de todos. Yo sé que sus mercedes no les tienen miedo a los fusiles ni a los cañones… sólo los collones y los traidores recurren a las pócimas para enfrentar a los enemigos.

Sin decir una palabra, apenas le encajamos las espuelas a las monturas.

Nuestro paso era lento y el ruido de las herraduras nos obligaba a recordar su suerte endemoniada. El veneno había fallado y, cuando la luz se asomara, los tres tendríamos que enfrentarnos a la pálida.

37

El llano era grande y la neblina se arrastraba en un vano intento por sobrevivir los rayos del sol. El cielo estaba limpio, la lluvia no apagaría los chispazos de los fusiles, tampoco ahogaría las antorchas de los cañones.

Las cosas no parecían tan malas como Juan y yo lo creíamos.

Por primera vez desde que nos conocimos, el Amo se dignó a escucharnos y respaldó nuestro plan delante de Hidalgo. Las tropas y la artillería no podían desperdigarse a lo tarugo, con el tiempo a nuestro favor podíamos situarlas en las mejores posiciones. El enemigo estaba cerca, pero todavía no se mostraba.

Cuando el sol pegaba recio, escuchamos los tambores realistas y vimos sus banderas amarillas y encarnadas. Todo estaba listo y dispuesto, pero en un parpadeo el plan se fue a la mierda.

El Amo Torres no se aguantó las ganas de posar como el más macho del Reino y a mentadas de madre le ordenó a la indiada que se lanzara contra los enemigos. Si él la tenía más larga que todos, los patarrajada podían morirse sin que nadie los extrañara. En un descuido, capaz que hasta podían tronar las líneas de Calleja.

Sin embargo, por más que Martínez lo intentaba, no pudo protegerlos con los cañones. Las tropas de don Félix estaban muy lejos. Los silbidos y las explosiones caían a mitad de la nada. A pesar de esto, los zaragates siguieron adelante y empezaron a lanzarles piedras y flechas, pero los cañones realistas los hicieron trizas. Los sombreros de palma con los que trataron de taparles la boca no pudieron detener la metralla.

El ataque terminó en una carnicería.

Ninguno de los léperos seguía en pie después de la primera escaramuza.

Ante el pasmo de los hombres del cura y el Amo, Calleja le ordenó a su caballería que cargara en contra de nuestros cañones. Desde Aculco, sabía que la puntería no era una de nuestras virtudes.

Los cascos desnudos y las herraduras retumbaban como si fueran a quebrar la tierra, y los sables desenvainados brillaban para transformar en rayos los gritos de furia. Las picas apuntaban al frente y nadie tenía los tanates para atajarlas.

Ninguno de los fusileros que protegían la artillería apretó el gatillo. Todos corrieron y dejaron tiradas sus armas para ofrecerle su cuerpo a los tajos y las lanzas. El Sabelotodo también quiso huir, y mientras chillaba y se jalaba las greñas, buscaba una montura. Con la fuerza que sólo da el pánico, atacó a uno de sus hombres y le dio tres puñaladas entre las costillas para tumbarlo del caballo. Cuando apenas estaba metiendo el pie en el estribo, uno de los dragones de Calleja le rajó el costado.

Martínez cayó y volvió a levantarse para tratar de alcanzar a la bestia.

Las ansias de huir de la muerte lo dominaban y le atreguaban el dolor.

No logró lo que quería y de nada le valió que se agarrara de la brida, otro sablazo le mochó un brazo y un lancero lo atravesó para obligarlo a vomitar su alma. Ahí, entre los restos de la tragazón se miraba la sangre que se fue con su vida.

A como diera lugar teníamos que reorganizarnos. La batalla aún no estaba perdida y aún podíamos sacar fuerzas de flaqueza. Pero una explosión brutal paró en seco a nuestros hombres. Los barriles de pólvora fueron alcanzados por el fuego y el aironazo del tronido tumbó a muchos. Los cuerpos desmembrados y ennegrecidos eran lo único que quedaba de los pertrechos. El caballo achicharrado que se encabritaba y relinchaba era el signo de nuestra derrota. El fuego se adueñó del pastizal y se sumó a las tropas de Calleja.

Los huarachudos y los jinetes del Amo huyeron como gatos con la cola en llamas.

Por única vez en su vida, Hidalgo se acercó a la batalla para gritarles que volvieran y pelearan como hombres.

Ninguno le hizo caso. Juan y yo apenas logramos contener a nuestros soldados.

Las tropas de don Félix seguían avanzando y el toque a degüello retumbó entre los cerros.

—¡Mátenlos! —le gritó el cura al Torero.

El matasiete desenvainó su machete y le encajó las espuelas al caballo. Él y sus malandrines gritaban como si estuvieran endiablados y blandían sus armas para amedrentar a los enemigos.

De nada sirvieron sus baladronadas. La infantería de Calleja se mantuvo firme y las tres líneas de fusileros los barrieron.

El Dios de la venganza los había alcanzado.

A pesar de las heridas, el Torero logró levantarse y empuñó su machete. Satán estaba en su cuerpo y de su boca brotaban los aullidos de Belcebú.

Ninguno de los fusileros de Calleja volvió a disparar contra él.

Todos lo dejaron acercarse hasta que uno le clavó la bayoneta en el vientre y la giró para rasgarle las tripas. Cuando la sacó, la piel reventada parió sus dentros. Sin que nadie lo ordenara, los soldados lo rodearon. La mala muerte se adueñó de sus aceros. Ninguno tenía prisa, todos querían hundirlos en el cuerpo del Torero con tal de que la lentitud le mostrara el Infierno que lo esperaba.

Hidalgo miraba a su hombre. Sus ojos pelones no podían negarse a ver que todo estaba perdido. En un solo instante, sus sueños y sus anhelos ardieron hasta que se volvieron cenizas.

Ahí fue cuando se quebró para siempre.

Después de eso, se trepó en su caballo, y sin decir una palabra se unió a nuestra columna que intentaba huir con las menores bajas posibles.

Nos retiramos sin mirar atrás.

Muchos de los que no tenían monturas fueron alcanzados por los jinetes de Calleja. El degüello siguió hasta que el lodo enrojecido salpicó las ancas de los caballos. La orden de no tomar prisioneros se cumplió hasta las últimas consecuencias.

La derrota en Puente de Calderón no terminó con esa matanza, los que llegaron más lejos también cayeron en manos de don Félix, y lo mismo les pasó a los bandoleros que se apoderaron de los pueblos cercanos a Guadalajara. Los que las vieron y las olieron dicen que las orillas del lago estaban tintas, y también contaban que la peste de la podredumbre se tardó más de un mes en largarse.

38

Los caminos estaban llenos de escombros y cadáveres. Su mirada estaba fija en la negrura del mal y sus horrores se nos pegaban en la piel. Ninguno tenía el cuerpo entero, sus trozos se regaban en el camino y nuestros caballos pisaban las tripas y los charcos mosqueados. La costumbre de ver a la muerte ya no alcanzaba para que los ojos no nos ardieran. Si hubiera podido me los habría tapado con mi paliacate. En ese momento ya no teníamos más remedio que volver a Guadalajara. Sin embargo, el miedo a que los mensajeros de Calleja se adelantaran a nuestros pasos nos obligó a mandar a los emisarios que a voz en cuello darían la noticia de la victoria del cura. La mentira era el clavo ardiente del que podíamos agarrarnos con tal de no desbarrancarnos.

Partieron a todo galope con la orden de no detenerse aunque las nalgas se les ampollaran. Cuando llegaron a la ciudad, sus gritos liberaron a los demonios y los dragones que San Miguel y San Jorge tenían atrapados. La mentira emponzoñó a los gañanes. El saqueo y la matanza comenzaron con toda la furia. Los zafios eran los únicos dueños de Guadalajara. Las calles donde vivían los gachupines quedaron enrojecidas y los cadáveres que se quedaron tirados cerraban el paso a los carruajes que se detenían para ser asaltados por la turba. Los cuerpos mutilados, las ropas desgarradas y las cuencas vacías eran las señales de la demencia y las llamas eternas.

Nada hicimos para detener la matanza.

Valía más que siguiera hasta que las tropas de Calleja tomaran la ciudad. El tiempo que gastaría en colgar y desmembrar a la leperada jugaba a nuestro favor. A nosotros nos urgía volver a armarnos, conseguir nuevas monturas y cargar con todo el dinero y las armas que pudiéramos. Ni un solo marco podía quedar en la ciudad.

Ésa fue la primera vez que cerré los ojos ante los asesinatos y la rapiña.

Dios me castigará por las muertes de los inocentes y la profanación de las vírgenes, pero él sabe que lo único que me importaba era seguir vivo y huir. La cobardía y el culo fruncido serán las causas de mi condena.

Apenas pasamos una noche en Guadalajara. La noticia de la derrota nos alcanzó sin que pudiéramos detenerla. Nadie podía ocultar lo que se escuchaba en los murmullos y en el ruido de las cigarras. Casi en silencio, la gente de bien sacó sus armas de los escondrijos y salió a la calle para cobrar venganza. La ley del talión también era para ellos. Mientras nos alistábamos para largarnos, los gritos y los tronidos nos retumbaban en las orejas. El Señor de los Cuernos había llegado a la tierra.

Cuando la luna se fue del cielo tomamos el camino para Aguascalientes.

No queríamos que nadie nos mirara y anhelábamos que ninguno nos escuchara. Las patas de los caballos tenían amarrados los trapos que ahogaban el ruido de los cascos. Sus pasos apenas sonaban por los golpes y el arrastre de las camillas que jalaban. La pena de muerte no sólo rondaba a los heridos que tenían un esparadrapo en la boca, también tentaleaba a los soldados que se atrevían a murmurar una palabra.

La columna maltrecha comenzó a adentrarse en las calles y los ojos se nos llenaron de horror: los piojosos y los bien nacidos estaban tirados. Las manchas de sangre eran más oscuras que la noche y las ratas famélicas mordisqueaban los cadáveres. Yo las vi y supe que las pestilencias y los males estaban a punto de adueñarse de la ciudad. La rata que brotó de la panza de un muerto cubierta de coágulos era la invocación de la desgracia.

Hidalgo me miró.

En sus ojos estaban labradas las ganas de dar una orden.

—No lo intente —le dije sin miramientos—, su palabra no es la de Dios. Usted es un pobre diablo que sigue vivo por misericordia. Si yo no juego a ser cobarde, usted también se aguanta.

El cura bajó la vista y se acarició la sotana.

Muchas de las insignias de Su Alteza Serenísima se perdieron en la huida, las pocas que le quedaban estaban desgarradas y sucias. Su mudez nacía de la derrota, de la imposibilidad de recuperar su lugar en el mundo.

—Los muertos y sus pecados lo perseguirán hasta que el tiempo se acabe —le espeté sin ganas de que me diera una respuesta y le clavé las espuelas a mi montura.

La gente de Aguascalientes no presentó batalla y lo que quedaba de nuestras tropas encontró un lugar para recuperarse. El hospital de sangre volvió a funcionar sin brillos ni esperanzas. Los cáñamos que suturaban la carne y los fierros que mochaban brazos y piernas estaban en manos de cualquiera que se atreviera a empuñarlos. Nadie estaba dispuesto a tendernos la mano, los médicos de la ciudad nos dieron con la puerta en las narices. Aunque quisiéramos, no podíamos engatusarlos ni forzarlos. Apenas podíamos suplicar por lo indispensable. Las armas perdidas, los cañones abandonados y la falta de pólvora nos cosían los labios. Es más, ni siquiera habían pasado dos días cuando le pedí a Juan que dejara de contar a los hombres. Entre los muertos y los desertores, su número se achicaba antes de que las campanas de maitines se escucharan.

La pestilencia del mal nos rondaba y se nos metía en el cuerpo con ansias de retorcernos el gañote. Calleja nos seguía como perro de presa. La sangre que le empapaba el hocico no bastaba para detenerlo. Él sólo estaría satisfecho cuando en el campo los zopilotes se hartaran y nuestras cabezas se ensartaran en las picas que abrirían su marcha hacia los laureles.

Don Félix tenía sus tropas enteras, las nuestras estaban más que mermadas y apenas nos quedaba un rumbo. A como diera lugar, debíamos llegar a Zacatecas. Ahí sobraba la plata y, tal vez, habría manera de volver a armarnos.

La tierra amarillenta se extendía hasta donde la vista no nos alcanzaba. Avanzábamos lo más rápido que podíamos y el horizonte se alejaba a cada paso. Ni siquiera nos deteníamos cuando uno de los nuestros se quedaba tirado por el cansancio o las heridas apenas zurcidas.

El cura siempre estaba a mi lado. Si sus orejas hubieran sido más grandes, las tendría tan gachas como las de los perros que les temen a los palazos. De nada le servía que sus ojos escudriñaran la columna y terminaran fijos en la arena para buscar un insecto. Ninguno de los barbajanes del Torero estaba en ella. Los hombres de confianza de Juan los mandaron al otro mundo. Esa venganza no le tocaba a Calleja.

Nuestras paradas eran breves, muy breves. El tiempo era nuestro enemigo. Pero cuando llegamos a la Hacienda de Pabellón nos detuvimos. El momento de dejar las cosas claras estaba mero enfrente de nosotros.

El cura estaba solo. Su mano acariciaba la mesa con ganas de que el presente se muriera y el pasado resucitara. Sus ojos no tenían la fuerza para alzarse de la madera carcomida y sus uñas amarillentas se detenían en los huecos que labraron las polillas. La presencia de Rayón en uno de los rincones no podía devolverle la voz. Ahí estaba, cabizbajo, harapiento y desgreñado, sentado delante de la cabecera de la larga mesa en la que ni siquiera se veía un jarro de agua. Si el polvo del desierto le lijaba el gañote a nadie le importaba.

El silencio era dueño de la sala; sin embargo, la mudez no podía ser eterna. Nuestros pasos, el chirrido de los goznes y las sillas que arrastramos lo troncharon sin remedio. Apenas habían pasado unos minutos desde que Juan terminó de escribir el pliego. Las letras aún brillaban por la frescura de la tinta que olía a fierro.

Después de unos instantes me levanté de mi silla de la misma manera como él lo hacía.

El desplante y la sorna estaban tatuados en mis movimientos.

Aldama me entregó el documento que debía leerle al cura.

—Por gracia de Dios —dije con firmeza—, los oficiales criollos decidimos que su merced queda depuesta de cualquier mando. Sus acciones permitieron la muerte de los inocentes, el saqueo de las propiedades de personas de bien, y su torpeza posibilitó que Calleja nos derrotara. Por estas razones, se le condena al silencio y la mansedumbre, y se le obliga a no abandonar a las tropas criollas que recuperarán el rumbo de la campaña. Como la piedad no nos es ajena, no le pondremos grilletes, pero si su merced comete una falta, las cadenas llegarán a su cuerpo.

El cura se quedó callado, la furia no pudo asomarse en su mirada. Sin sus matasiete y sin sus hijos, era una caca de conejo.

Los militares nos preparamos para abandonar la sala. Los tricornios, los bicornios y las capas raídas se tomaron casi con calma.

Cuando empezamos a caminar hacia la puerta, Rayón nos rogó por la vida de Hidalgo. Sus palabras eran idénticas a las que diría su mujer para salvar al hombre que le calentó la cama.

—Entiéndelo —le dije tratando de conservar la calma—, no lo condenamos a muerte. Lo único que hicimos fue despojarlo del mando, alguien como él no puede seguir al frente de la lucha.

Rayón me escuchó, pero no quedó convencido.

—Ustedes son los que deben comprender el valor que tiene don Miguel —afirmó con una certeza asombrosa—, el movimiento lo necesita más que los fusiles y la tropa. Él es quien junta a la gente, él es el que convoca a los aliados y logra que las columnas no enflaquezcan hasta quedar enclenques. Si ustedes lo condenan al silencio, en menos de lo que canta un gallo nos quedaremos sin partidarios… Hidalgo es indispensable.

—¿Y sus crímenes? —le pregunté con sorna.

Rayón me respondió de inmediato.

—Sus crímenes serán pagados, pero tiene derecho a hablar, a mantenerse como el puntal de la política y los tratos con el pueblo.

Sus palabras quebraron algunas de las seguridades de mis hombres. Algo de razón tenía: Hidalgo era capaz de lograr que los muertos de hambre se sumaran a nuestras tropas y, en esos momentos, nos faltaban para enfrentar a Calleja.

39

El poder de Hidalgo se rompió para siempre. Su boca sólo podía moverse si Juan o yo le quitábamos el bozal. Sin embargo, las palabras que leímos en Pabellón no eran suficientes para contenerlo, los murmullos de su pico de oro y su cercanía a la poca plata que nos quedaba eran un peligro que no podíamos despreciar. Una moneda en la mano correcta podía liberarlo, y él, sin detenerse a pensar en las consecuencias, volvería a levantar a la indiada hasta que la muerte lo alcanzara. Por eso, cuando detuvimos la marcha para descansar lo indispensable, llamé a su hermano Mariano.

Nada se tardó en llegar. Él también estaba marcado por la desgracia, los encajes de su ropa eran jirones que le colgaban del pecho y sus calzones tenían desgarraduras que nadie cosería. Su cara se veía terrosa y tenía los labios partidos por la sed.

Mariano sabía que su vida pendía de un hilo, tal vez por eso no se atrevió a levantar la voz.

—La honradez y la fidelidad a los criollos no son sus dones, a usted sólo le importan el cura y su familia —le dije sin detenerme a verlo.

Se quedó con la boca cerrada y apretó los puños hasta que la piel se le puso blanca.

No hacía falta que la abriera para insultarme ni maldecirme, la ira le volvió ceniza la piel y la mueca del deseo de muerte le torció los labios que le crujieron.

—Usted —le ordené sin miramientos— tiene que hacer cuentas con Aldama y entregarle toda la plata. Si falta una sola moneda no respondo por las consecuencias, ese dinero no es de la familia Hidalgo, sólo le pertenece a la causa de los criollos.

Mariano sólo se dio la vuelta y se fue. Juan lo esperaba a unos cuantos pasos para asegurarse de que la plata no se perdiera.

Las monedas tuvieron buen uso. A la mañana siguiente les entregamos tres marcos a cada uno de los miserables a cambio de sus armas. Todos fueron licenciados. Su futuro no nos preocupaba ni podía quitarnos el sueño. Si Calleja los atrapaba era cosa de Dios y sus designios. Lo único que nos importaba era quedarnos con los soldados leales y disciplinados, con los hombres que no le harían el caldo gordo al cura bribón.

Los vimos irse.

Los que tenían caballos o mulas pronto rebasaron al resto de los miserables. A ellos ni siquiera les importaba dejar atrás a las chamagosas que cargaban a sus escuincles en los rebozos raídos o se los encajaban en la cadera para tratar de no perder el paso.

—Lo logramos, tarde pero lo logramos —me dijo Juan con una voz que manchaba su desconsuelo.

Tenía razón. Nos habíamos dilatado demasiado y ahora todo parecía irremediable; pero, tal vez, algo de luz quedaba al final del camino.

—Quizá —le respondí mientras rumiaba el resto de las palabras.

Juan me apretó el hombro. Cuando estaba a nada de irse para preparar la marcha, le pedí que se quedara.

—No todo está perdido, todavía podemos hacer algo —le dije sin mirarlo.

—¿Qué? —me contestó con ganas de sonreír para atreguarse el mal fario.

Suspiré. A como diera lugar necesitaba unos segundos para recuperar el habla, para inventar lo que fuera con tal de que el destino no nos alcanzara.

—Vámonos al norte —le susurré—, con la plata que tenemos y con la que podemos agenciarnos en Zacatecas tendremos suficiente para comprar armas en Estados Unidos. Tú sabes bien que eso es lo que necesitamos: estar bien pertrechados y mejor entrenados.

Juan me miró.

—A lo mejor, pero el norte está muy lejos —me respondió y sin más ni más se fue lejos de mí.

Las tierras flacas nos herían a cada paso que dábamos. Poco a poco, los barriles de agua comenzaron a secarse y los guajes se quedaron vacíos. Los charcos donde flotaban los insectos patones eran lo único que nos quedaba para beber. Yo veía cómo los soldados metían un trapo en el agua infecta y lo apretaban en un mal intento por aclararla. Al principio, Juan y yo tratamos de no hacer lo que mirábamos, pero la lengua hinchada terminó por obligarnos a arrodillarnos frente al agua puerca y salobre.

En las carretas desvencijadas, los niños que aún no eran acariciados por la muerte lloraban y otros, los que ya se habían asomado a las cuencas vacías, se quedaban quietos mientras las moscas se les paraban en la boca y los ojos. Las mujeres que nos acompañaban apenas miraban las ollas vacías y los comales que se quedaban tirados a mitad de la nada. El hambre nos mordía y nada teníamos para aplacarla.

Hidalgo nos veía y el demonio se le metía al cuerpo cuando bebíamos. A él le daba igual morirse que seguir vivo, lo único que quería era mirar cómo nos ahogábamos con la lengua hinchada por la sed o, ya de perdida, se conformaría con asistir a nuestra muerte en las noches, cuando el frío dolía en los huesos y amenazaba con navajear el cuerpo para arrancarle el alma.

Nadie, ni siquiera Rayón o su mujer con las tetas flácidas, podía acercarse a Hidalgo. Pero él, cada vez que hacíamos un alto, tomaba su escribanía y se ponía a llenar pliegos y pliegos con las palabras que hablaban de un mundo enloquecido.

En los papeles que nadie leería estaban los llamados para que la gente lo tratara como Su Alteza Serenísima, como el enviado de Dios, como el único hombre que podía dar la salvación eterna. Él escribía y seguía escribiendo los nombramientos de los fantasmas, creaba provincias en las tierras que estaban más allá de los mapas y ordenaba que los ejércitos brotaran de la nada para enfrentarse a sus enemigos.

Cuando la mano ya no le daba para más, caminaba hacia una de las hogueras para que el fuego devorara sus palabras. El humo era el único que podía llevarlas a sus destinatarios, a los hombres que las oirían entre los aletazos de los cuervos y los zopilotes.

Zacatecas confirmó las maldiciones. Los cerros de plata no llegaron a nuestras manos y las armas se escondieron. Los murmullos de la gente se entretejían con la pálida y las ansias de que algo hiciéramos con tal de darle gusto a la venganza.

Así, apenas nos repusimos, seguimos hacia el norte. Juan y mi hijo cabalgaban a mi lado con la mirada perdida, por más que lo intentara no podía devolverles el alma. Seguían para acompañarme a la muerte.

40

Hidalgo no podía entrar con nosotros a Saltillo. Su presencia era capaz de alborotar el gallinero. Por eso lo dejamos en una hacienda cercana. Indalecio y un pelotón de hombres de probada confianza serían sus guardianes. La orden de disparar en contra de cualquiera que se le acercara no sería ignorada.

En una de las esquinas del cuarto grande estaba el cura sentado en el piso con la espalda recargada en la pared. Su mano derecha acariciaba las losas de barro y sus dedos se alzaban para sentir las morusas de polvo. Su mirada estaba vacía, pero sus ojos se detenían en las moscas y las perseguían hasta que se paraban en las paredes. En esos momentos chasqueaba la lengua para tragarse sus babas.

Juan no tuvo necesidad de torturarlo, ni siquiera de golpearlo, para que hiciera lo que tenía que hacer. Tres gritos bastaron para que firmara el papel en el que anunciaba su renuncia al mando. En ese pliego sus letras parecían acalambras, los largos picos que las remataban parecían tridentes y su cercanía casi las transformaba en garabatos. Su firma era la misma, pero algo tenía distinto, una cruz invertida la remataba.

Cuando entramos a Saltillo hicimos pública su renuncia y obligamos a todos los pregoneros a que la gritaran hasta que el gañote se les desgarrara. Ese hecho nos abrió las puertas de la gente de bien. Nunca más ocurrirían matanzas como las de Guanajuato, Valladolid y Guadalajara, nunca más se saquearían las propiedades, y las mujeres podrían caminar seguras. Cuando las autoridades nos entregaron el préstamo que les pedimos, salí al balcón de la Casa Real para arrojarle a la gente seis mil pesos fuertes.

El cura no era el único que podía comprar la lealtad de los muertos de hambre.

Aldama terminó de leerme el documento que mandó el virrey. En el momento en que las palabras se terminaron, no sabía qué debía responderle: nos ofrecía su mano abierta y el indulto. Yo sólo necesitaba unos cuantos trazos para poder regresar a San Miguel y recuperar la existencia perdida. El rostro de Juan revelaba su anhelo de terminar con todo. Volver con la cola entre las patas y la vida segura no era una opción que pudiéramos mandar al Diablo. Indalecio nada me dijo, pero su cuerpo anhelaba que tomara la pluma.

—¿Qué piensas? —le pregunté a mi amigo.

Juan alzó los hombros con desgano.

—No lo sé… esa decisión te toca a ti.

Me levanté de la silla y caminé hasta la ventana. No quería que la mirada de mi hijo me rozara.

—No podemos echarnos para atrás —le dije a Aldama.

—¿Por qué? —inquirió sin alzar la voz.

—Siempre había pensado que esa pregunta sólo se les hace a las monjas y las putas… pero ya ves, terminó por alcanzarme.

Volví a sentarme a su lado, pedí que nos trajeran tres vasos de vino y traté de convencerlo de mis razones. Habíamos perdido la seguridad desde el momento en que se iniciaron las profanaciones, los saqueos y los asesinatos. Allá, en San Miguel y en todos los lugares por los que pasamos, nos esperaba la gente que tenía ansias de venganza.

—Si tuvieras una hija que fue ultrajada por un muerto de hambre, ¿no querrías cobrarle la ofensa al hombre que lo permitió? —le dije.

Aldama no tuvo más remedio que aceptar mis palabras. Indalecio sólo asintió con un movimiento de cabeza. Es más, en ese momento también reconocí que esas venganzas no eran las únicas. Más de tres de los hijos del cura bribón podrían sorprendernos en una vuelta del camino y lo mismo podíamos esperar de los soldados de Calleja. No podían perdonarnos que nos retiráramos sin pagar nuestras culpas y sin que el brigadier tuviera en sus sienes las ramas de olivo.

Hablé y hablé hasta que la lengua se me secó y el vino me llenó de sed.

—Que sea lo que Dios disponga —me dijo Juan y nos quedamos sentados en silencio hasta que la luz de la mañana se asomó por la ventana.

41

Ustedes no pueden negar la verdad, su gente sabía que estábamos derrotados. Nuestras fuerzas apenas podían aguantar una escaramuza de poca monta, y en las carretas los alimentos apenas alcanzaban para medio atreguar los retortijones del hambre. El agua también nos faltaba. Nuestro camino trazaba sus pasos como la huella de una serpiente que buscaba los arroyos secos, los pozos lodosos y los charcos hediondos. El norte era inmenso y el lugar al que anhelábamos llegar se alejaba a cada instante. El viento polvoso que nos obligaba a taparnos la cara tenía más fuerza que todas las brújulas. Yo lo sabía, pero debía quedarme callado: la inmensidad arenosa terminaría por devorarnos y nuestros huesos mondos serían el único recuerdo de lo que no pudo ser.

En lo que ustedes nos hicieron no hubo una pizca de valentía. Las voces que contaban nuestras desgracias eran más veloces que las monturas. Por eso, sin que a nadie le temblaran las patas, su gente comenzó a preparar la engañifa, la traición que terminaría con nosotros. El tal Elizondo, que ahora se pavonea como si fuera un Calleja, no estaba conforme con venderles caballos a los realistas, sus ansias de dinero lo llevaron a sumarse a sus tropas y proponer la traición precisa: nos buscaría y nos ofrecería su ayuda, nos llevaría al lugar donde podríamos reponernos y nos guiaría a nuestro destino sin que los enemigos pudieran seguirnos el paso.

Las primeras cartas que me mandó no merecieron respuesta. La poca comida y los toneles a medias aún me daban la fuerza para sospechar de sus intenciones. Nadie le tiende la mano a un miserable y sólo un imbécil abandona a los victoriosos con tal de sumarse a los derrotados. Sin embargo, conforme los bastimentos se terminaban y el agua se volvía fantasmal, sus palabras no dejaban de retumbarme en la cabeza. El "tal vez" tiene el miasma del Diablo.

En esos momentos ya no tenía con quien hablar y el silencio me chamuscaba los oídos. Juan sólo avanzaba en su caballo mirando a la nada, mi hijo Indalecio apenas me sonreía con una mueca que le crujía en la cara. Hidalgo cada vez estaba peor: sus murmullos revelaban las conversaciones que tenía con su hermano muerto, y nada faltaba para que se tirara al suelo a cazar los insectos que intentaría devorar. Es más, cuando pedía su escribanía, ya no remojaba su pluma en la tinta y sus trazos invisibles renegaban de Dios y la Virgen mientras invocaban por la presencia del Coludo que llegaría con sus huestes armadas con trinches y cañones que vomitaban lava.

El silencio me zumbaba en las orejas y, en el momento en que me avisaron que el agua se terminó, escribí la carta fatal. Un par de días más tarde, la respuesta de Elizondo llegó: su mensajero nos llevaría al lugar adecuado.

Dejamos atrás las planicies amarillas y nos adentramos en las montañas. El camino era duro. Las carretas se atoraban y las bestias caían desfallecidas. Cada vez que una mula se quedaba tirada, los que aún podíamos hacer algo la empujábamos al barranco junto con el carro que jalaba. Nada de lo que se guardaba merecía ser conservado: los toneles vacíos y resquebrajados, los sacos que se habían hurgado hasta encontrarse con la nada y las cajas de balas que esperaban ser llenadas debían terminar en el fondo del desfiladero.

Tres días avanzamos entre los peñascos sin detenernos para darles cristiana sepultura a los que se quedaran en el camino. Los cuerpos de los soldados, los de los niños esqueléticos que se cansaron de mamar una chiche seca y los de las mujeres que no resistieron la marcha fueron abandonados sin que la misericordia nos arañara el alma. El único que no parecía ser tocado por la muerte era el cura: su piel apergaminada, las costillas brotadas y la giba que ya no podía ocultar con sus capas no podían arrebatarle la vida. Él sólo seguía balbuceando y escribiendo en la nada.

Al amanecer del cuarto día nos encontramos con los hombres de Elizondo.

Nos recibieron como si fuéramos sus amigos de toda la vida y con una sonrisa angelical nos dijeron que las norias estaban a una vuelta del camino.

—Dejen aquí a sus hombres para que recuperen las fuerzas, ustedes síganme para que puedan descansar como Dios manda —nos dijo uno de ellos.

Obedecimos.

Las norias se mostraron delante de nosotros. Y, en el preciso instante en que les íbamos a clavar las espuelas a las monturas para matarnos la sed, los tiros comenzaron. No pudimos defendernos. Los hombres que se quedaron atrás también eran atacados y no teníamos manera de enfrentar a los soldados de Elizondo. Indalecio trató de huir hacia una arboleda y, antes de que las ramas secas pudieran protegerlo, las balas le reventaron la espalda y las tripas. La carrera de su caballo duró muy poco y su cuerpo cayó sin que un quejido saliera de su boca.

El sacrificio y el heroísmo ya no tenían sentido.

La maldición del Todopoderoso nos alcanzó sin darnos clemencia. Tiramos las armas y levantamos los brazos. Elizondo se acercó con los suyos y los grilletes se adueñaron de nuestra carne. Todo se había terminado.

La marcha hacia el norte siguió. En cada pueblo que nos deteníamos, la gente se arrejuntaba para mirarnos. Los lugareños no podían creer que los muertos de hambre que estaban delante de ellos eran los demonios que incendiaron el Reino. Pero ahí estábamos, engrilletados y con la ropa desgarrada, sucios como miserables y con los rostros marcados por la derrota. La voz de Hidalgo se había apagado por completo y ya sólo movía los labios para ordenar lo que nadie cumpliría.

Así seguimos hasta que llegamos aquí, al lugar donde seríamos juzgados y condenados para cumplir con el expediente.

Sé que los rumores no mienten y que allá, afuera, está el indio que afila su machete para cortarnos la cabeza. El Diablo nos espera y se relame los bigotes. El pasado se vuelve tinieblas. Ya sólo puedo recordar el momento en que el cura entró en la alhóndiga de Guanajuato y detuvo sus pasos delante del que alguna vez fue su amigo. El cadáver de Riaño también me mira.

Una nota para los curiosos

Escribir una novela sobre Miguel Hidalgo no era poca cosa. Los sobradísimos mármoles y bronces eran los nubarrones que amenazaban mi singladura. Un personaje de su calibre parecía intocable y ninguna palabra debía manchar su sagrada memoria. A pesar de esto, mi brújula era precisa y ya me había acompañado en otras páginas: mi intento quedaría marcado por el deseo de contar la historia desde un punto de vista distinto del que regularmente se asume. De nueva cuenta debía alejarme de la historia oficial con la certeza de que Octavio Paz no se equivocaba cuando decía que sus páginas eran incapaces de provocar la pasión, y que esto se debía al

cansancio popular ante las versiones oficiales [que eran] pesadas como estatuas de cemento y rígidas como muñecos de cartón piedra. Este cansancio tiene otros nombres más crueles y exactos: desconfianza, incredulidad, repugnancia, asco. Nuestro escepticismo se extiende a las otras versiones doctrinarias, ya sean confesionales o ideológicas. Durante medio siglo hemos sustituido a los hechos por las ideas y a éstas por los epítetos y los adjetivos. Nos ahogan las fórmulas, las recetas y los catecismos.[1]

---

[1] Octavio Paz, "Muertes paralelas", en Octavio Paz Solórzano, *Emiliano Zapata*, México, Fondo de Cultura Económica, 2019.

Todo esto me parecía perfecto, pero la elección de una perspectiva narrativa no era un asunto sencillo de resolver. Durante un buen tiempo —desde 2011 para ser preciso— le estuve dando vueltas sin encontrar una respuesta que me convenciera. Es más, en varias ocasiones pensé que lo mejor que podía hacer era abandonar este proyecto y dedicarme a otras cosas; pero, cuando por enésima vez volví a revisar los materiales que había consultado, me topé con unas palabras de Ignacio Allende que calificaban a Hidalgo como "el bribón del cura". En esos días también reparé en algunas referencias donde mostraba su deseo de envenenar al líder insurgente. El asunto quedó resuelto. Allende sería el narrador de la novela y, gracias al apoyo de Guadalupe Ordaz y Pablo Martínez Lozada, emprendí la escritura final de un manuscrito que llevaba mucho tiempo añejándose. Sin ellos, el libro que tienes en tus manos no existiría.

En la mayor parte de las hagiografías, los enfrentamientos entre Hidalgo y Allende casi siempre se pasan por alto o, en el mejor de los casos, apenas ocupan unas pocas páginas o unas cuantas líneas. La chamba era rescatar de la oscuridad las palabras de un personaje que quedó apocado por don Miguel. Debido a esta peculiaridad, la labor que debía emprender no era muy lejana de los libros que se escribieron algunos años después del levantamiento de Dolores y que —en contra de lo que pudiera creerse— tenían poco o ningún aprecio por Hidalgo. El "cura bribón" era una imagen frecuente entre tirios y troyanos, entre los liberales y los conservadores o entre los que celebraban la independencia y los que la condenaban. En esos momentos, don Miguel estaba muy lejos de ser el Padre de la Patria.

En la *Historia de la revolución de Nueva España* de fray Servando

Teresa de Mier,[2] el gran héroe es Ignacio López Rayón e Hidalgo no sale muy bien parado, mientras que en el *Cuadro histórico de la revolución mexicana* de Carlos María de Bustamante tampoco aparece un retrato muy positivo.[3] Lo que ocurre en estos libros no es una rareza, las mismas ideas pueden encontrarse en otras obras decimonónicas: en el *Ensayo histórico de las revoluciones de México desde 1808 hasta 1830*[4] Lorenzo de Zavala no tiene una opinión favorable sobre don Miguel, mientras que en el *México y sus revoluciones* de José María Luis Mora[5] la situación es casi idéntica. Y, si a estos textos agregamos la siempre polémica *Historia de Méjico* de Lucas Alamán, la situación resulta bastante peor.[6] Hidalgo, en el menos grave de los casos, apenas se merecería una defensa vergonzosa y casi insostenible.

Todo parece indicar que la gran construcción del mito de Hidalgo como verdadero y único Padre de la Patria ocurrió hasta la consolidación del Porfiriato, algo que probablemente fue una de las consecuencias de la publicación de *México a través de los siglos*[7] y, de pilón, tampoco resulta descabellado asumir que su coronación como héroe impoluto terminó de robustecerse durante las fiestas del Centenario de la Independencia.

[2] Servando Teresa de Mier, *Historia de la revolución de Nueva España, antiguamente llamada Anáhuac, o verdadero origen y causa de ella con la relación de sus progresos hasta el presente año de 1813*, Londres, Imprenta de Guillermo Gildon, 1813.

[3] Carlos María de Bustamante, *Cuadro histórico de la Revolución mexicana, comenzada el 15 de septiembre de 1810 por el ciudadano Miguel Hidalgo y Costilla, cura del pueblo de Dolores en el obispado de Michoacán*, México, Imprenta de J. Mariano Lara, 1843, 8 vols.

[4] Lorenzo de Zavala, *Ensayo histórico de las revoluciones de México, desde 1808 hasta 1930*, México, Manuel N. de la Vega, 1845, 2 vols.

[5] José María Luis Mora, *México y sus revoluciones*, México, Porrúa, 1965.

[6] Lucas Alamán, *Historia de Méjico desde los primeros movimientos que prepararon su independencia en el año de 1808 hasta la época presente*, México, Jus, 1942.

[7] Vicente Riva Palacio (dir.), *México a través de los siglos*, Barcelona-México, Espasa y Compañía/J. Ballescá y Compañía, 1884.

Él, junto con Juárez y Porfirio Díaz, se convirtió en uno de los forjadores de la patria.[8]

Así pues, esta novela sólo aspira a lograr un par de cosas: "recuperar" las palabras de Allende y volver a mirar a don Miguel desde la perspectiva de algunos libros del siglo XIX. Aunque esto ya parecía suficiente para emprender la marcha, existía otro detalle que me preocupaba y que sólo pude resolver en las últimas correcciones del manuscrito: en la inmensa mayoría de los libros patrióticos, Hidalgo y Allende casi siempre aparecen como seres absolutamente racionales y como unas personas que —salvo por el estandarte de la Guadalupana— podrían pasar cómo laicos e hijos de la Ilustración con todos sus brillos. Confieso que esta idea, muy a tono con la historia oficial que siempre tiene ansias de desayunar curas, jamás me ha convencido. Ellos eran hijos de su tiempo y sus circunstancias: un mundo marcado por la religión y por el contacto con las creencias indígenas. Esto era algo que no podía pasar por alto. Por esta razón, en estas páginas, tanto una como las otras tienen una presencia constante.

A pesar de lo que llevo escrito, es necesario recalcar que estas páginas no buscan decir la verdad químicamente pura sobre Hidalgo y, por supuesto, tampoco intento someterlo a un juicio sumarísimo que lo condene a la ignominia. Ninguna de estas cosas me interesa. Este libro sólo es una novela que en cierta medida sigue aquellos pasos y los traiciona sin ningún pudor. Esta obra no es verídica por sus referentes históricos, sino por la capacidad que tiene la ficción. Es más, si don Miguel siempre sale mal parado, esto se debe a que el narrador es su enemigo y lo culpa de todas las desgracias.

Así pues, lo importante era contar una historia que tuviera rasgos verosímiles y cuya fantasía —siempre exagerada— tuviera

---

[8] *Vid.* Antonio Annino y Rafael Rojas, *La Independencia*, México, Fondo de Cultura Económica/Centro de Investigación y Docencia Económicas, 2008.

unos cuantos frenos. Ya lo he dicho varias veces y ahora lo repito: el ejemplar que tienes en tus manos no es un libro de historia, sino una ficción en la que se cuenta algo de lo que pasó, algo de lo que pudo haber pasado y algo de lo que yo quise que pasara. En ella, la mentira y la realidad se entretejieron siguiendo los dictados de mi imaginación para mostrar una imagen lejana del mármol y el bronce. Esta novela es una provocación.

Durante el tiempo que le dediqué a estas páginas, revisé algunas de las muchas biografías que se han publicado sobre sus protagonistas, y exactamente lo mismo hice con ciertas colecciones documentales que conocieron la caricia de la imprenta.[9] En el último tramo del camino, sólo algunas permanecieron a mi lado y me acompañaron en la redacción final y en las correcciones del manuscrito; las obras de Luis Castillo Ledón,[10] Carlos Herrejón,[11] José Manuel Villalpando,[12] la compilación

---

[9] Obviamente, en este caso, me refiero a dos obras que ya son clásicas para el tema: los *Documentos históricos mexicanos* de Genaro García y los *Documentos para la historia de la guerra de independencia de México*. En ambos casos consulté la edición realizada por el Instituto Nacional de Estudios Históricos sobre la Revolución Mexicana en 1985. A ellos sumé las *Voces insurgentes. Declaraciones de los caudillos de la independencia*, antologado por Raúl González Lezama y publicado por el Instituto Nacional de Estudios Históricos de las Revoluciones de México en 2019.

[10] Luis Castillo Ledón, *Hidalgo. La vida del héroe*, México, Fondo de Cultura Económica, 2019. En este caso comencé a utilizar la edición que publicó el Gobierno del Estado de Hidalgo en 2010, pero la verdad es que la versión del Fondo resulta mucho más sencilla de leer a causa de la calidad del papel y de la tipografía con la que fue impresa.

[11] Carlos Herrejón Peredo, *Hidalgo. Maestro, párroco e insurgente*, México, Fomento Cultural Banamex, 2011.

[12] José Manuel Villalpando, *Miguel Hidalgo*, México, Planeta, 2003.

de Marta Terán y Norma Páez,[13] y el volumen de la colección Cara o Cruz[14] fueron espléndidos compañeros en estos procesos.

En los casos de Ignacio Allende y Calleja los afanes biográficos no son tan notorios como sucede con Hidalgo, por ello tomé la decisión de que me acompañaran los libros de Adriana Fernanda Rivas de la Chica,[15] Benito Abad Arteaga,[16] Armando de Maria y Campos,[17] Jesús Rodríguez Fraustro[18] y Juan Ortiz Escamilla.[19] Evidentemente, en ambos casos, el número de biografías es mucho menor a las que se han publicado sobre Miguel Hidalgo y eso redujo las posibilidades de ampliar mi abanico. Como seguramente ya se sospecha, en los casos de los personajes que fueron de mi invención —como casi sucede con el Torero— sólo traté de que fueran verosímiles, aunque este hombre algo tiene de verdadero.

Por último, entre los muchísimos trabajos que se han publicado sobre la guerra de independencia, también tuve que seleccionar a los que serían mi compañía en el último tramo del camino. Entre ellos destacan los libros de Ernesto de la Torre Villar, Brian R. Hamnett, el grueso volumen que publicaron la Universidad Autónoma Metropolitana y el Fondo de Cultura

[13] Marta Terán y Norma Páez (selec.), *Miguel Hidalgo: ensayos sobre el mito y el hombre (1953-2003)*, México, Instituto Nacional de Antropología e Historia/Mapfre, 2004.

[14] Carlos Silva e Isabel Revuelta, *Cara o cruz: Miguel Hidalgo*, México, Taurus, 2018.

[15] Adriana Fernanda Rivas de la Chica, *Ignacio Allende: una biografía*, México, Universidad Nacional Autónoma de México, 2013.

[16] Benito Abad Arteaga, *Rasgos biográficos de don Ignacio Allende*, Guanajuato, Archivo General del Gobierno de Guanajuato, 2003.

[17] Armando de Maria y Campos, *Allende, primer soldado de la nación*, México, Jus, 1964.

[18] Jesús Rodríguez Fraustro, *Ignacio Allende y Unzaga, generalísimo de América*, Guanajuato, Universidad de Guanajuato, 1969.

[19] Juan Ortiz Escamilla, *Calleja. Guerra, botín y fortuna*, México, Universidad Veracruzana/El Colegio de Michoacán, 2018.

Económica y, sobre todo, una obra de Eric van Young.[20] Sin embargo, esto no implicó que no me asomara a otros textos, pero —como bien lo han demostrado Antonio Annino y Rafael Rojas[21]— la posibilidad de recorrer en su totalidad la bibliografía sobre la independencia es una empresa que está más allá del alcance de cualquier mortal.

Durante un buen tiempo no tuve clara la manera como debía narrar la batalla de Guanajuato y la escabechina que ocurrió en la alhóndiga de Granaditas. Aunque los historiadores hidalguistas[22] y antihidalguistas[23] estaban de acuerdo en el horror de la matanza y en muchos de sus hechos —como la muerte del intendente Riaño—, no fue sino hasta que me topé con un brevísimo libro publicado por don Mariano de Zúñiga y Ontiveros[24] cuando descubrí la perspectiva adecuada que —por lo menos a mi parecer— le venía mejor a la novela. Entiendo bien que esta obra es profundamente contraria a Hidalgo

---

[20] Ernesto de la Torre Villar, *La independencia de México*, México, Fondo de Cultura Económica/Mapfre, 2010; Brian Hamnett, *Raíces de la insurgencia en México. Historia regional, 1750-1821*, México, Fondo de Cultura Económica, 2010; Gustavo Leyva *et al.* (coords.), *Independencia y Revolución: pasado, presente y futuro*, México, Fondo de Cultura Económica/Universidad Autónoma Metropolitana, 2010, y Eric van Young, *La otra rebelión. La lucha por la independencia de México, 1810-1821*, México, Fondo de Cultura Económica, 2011.

[21] Antonio Annino y Rafael Rojas, *op. cit.*

[22] *Vid.* p. e. Luis Castillo Ledón, *op. cit.*, caps. XLVIII y XLIX, y Carlos Herrejón Peredo, *op. cit.*, cap. XVII.

[23] *Vid.* Lucas Alamán, *op. cit.*

[24] *Pública vindicación del ilustre Ayuntamiento de Santa Fe de Guanajuato justificando su conducta moral y política en la entrada y crímenes que cometieron en aquella ciudad las huestes insurgentes agabilladas por sus corifeos Miguel Hidalgo* [e] *Ignacio Allende*, México, Mariano Zúñiga y Ontiveros, 1811.

y eso, aunque pudiera ser mal visto, era su principal virtud si quería ser fiel a los libros del siglo XIX.

Los hechos que narro sobre esta batalla también están vinculados a otras fuentes,[25] aunque claramente ignoré algunas de sus páginas, justo como sucede con el simpatiquísimo mito del Pípila que inventó don Carlos María de Bustamante.[26] Así pues, una buena parte de lo que conté en esta parte de la novela es casi cierto, aunque también le puse de mi cosecha o alteré un poco su cronología con tal de mantener la tensión. Algunos ejemplos no vienen de más: no existe ninguna noticia de que Hidalgo hubiera visto el cadáver de Riaño; sin embargo, el hecho de que los alzados le buscaran la cola diabólica a los españoles es cierto y, aunque no se dice en ninguna de las obras que consulté, estoy seguro de que —además del saqueo y la matanza— las violaciones también ocurrieron durante esa batalla y los días de pillaje. En el caso de las acciones de Calleja —obviamente me refiero a diezmar las poblaciones— son casi verdaderas, pero ocurrieron poco tiempo después de la toma de Guanajuato;[27] en cambio, la historia de la casa de moneda y la que narra la fabricación de los cañones son casi literales y provienen de las obras de Castillo Ledón y Herrejón Peredo.

La historia de la pérdida de las haciendas y la locura de Manuel Hidalgo es cierta; pero, como en todas las biografías que leí nada se decía de los síntomas de su hermano, me tomé la libertad de inventarlos. Esto es algo muy parecido a lo que hice con el destino del dinero que debía pagarle al Obispado de Michoacán: es un hecho que Manuel Abad no recibió los abonos, pero el uso que Hidalgo le dio a ese dinero me parece dudoso;

---

[25] Además de las obras ya mencionadas en las notas anteriores, entre estas fuentes destacan: el primer volumen del *Cuadro histórico de la revolución mexicana* de Carlos María de Bustamante (*ed. cit.*), el *Ensayo histórico de las revoluciones de México desde 1808 hasta 1830* de Lorenzo de Zavala (*ed. cit.*) y el *Miguel Hidalgo* de José Manuel Villalpando (*ed. cit.*).

[26] *Vid. op. cit.*, t. I, Carta segunda.

[27] *Vid.* Juan Ortiz Escamilla, *op. cit.*

sus hagiógrafos, por ejemplo, sostienen que lo utilizó para mejorar las condiciones de su grey.[28] A pesar de estos nobles fines, tenía una duda: ¿con qué pagaba don Miguel sus obras de teatro, sus corridas de toros, su orquesta y sus tertulias? Debido a esto, tomé la decisión de que se gastó los abonos en estos jelengues. Los nombres de las obras que representaba en Dolores son una broma; si bien es cierto que el repertorio de su compañía incluía a Molière y Racine, las que mencioné son dos textos que se han perdido para siempre y que nadie ha visto desde su estreno.[29] Lo que cuento sobre los bandoleros también es casi verdadero,[30] y los hechos que ocurrieron en Valladolid —además de los libros ya mencionados— están profundamente unidos a una obra de Harald Uriel Jaimes Medrano.[31]

La quema en efigie de Hidalgo es de mi total invención, aunque algunas de las palabras que le atribuyo son verdaderas. Esta escena me permitía justificar el avance hacia la Ciudad de México. Otra de mis invenciones es la relación de los amoríos y los hijos de don Miguel. A pesar de que este asunto ha provocado ríos de tinta, la verdad es que una buena parte sólo son chismes y habladurías. El artículo que publicaron Javier Sánchez Ruiz y Juan Gómez Gallardo Latapí[32] claramente muestra cómo se urdieron estas falsedades y nos revela de qué manera terminaron perpetuándose a pesar de su nula sustancia. Aunque las palabras de estos investigadores eran más que dignas de tomarse en

---

[28] *Vid.* p. e. Luis Castillo Ledón y Carlos Herrejón Peredo, *op. cit.*

[29] Stuart Kelly, *La biblioteca de los libros perdidos*, Barcelona, Paidós, 2005, pp. 219-226.

[30] *Vid.* Brian R. Hamnett, *op. cit.*, pp. 86 y ss.

[31] Harald Uriel Jaimes Medrano, *La ciudad de Valladolid de Michoacán durante la guerra de Independencia. Impactos económicos y sociales, 1810-1821*, Toluca, Fondo Editorial del Estado de México, 2012.

[32] Javier Sánchez Ruiz y Juan Gómez Gallardo Latapí, "Las falsas paternidades del Padre de la Patria", *Estudios de Historia Moderna y Contemporánea de México*, núm. 44, julio-diciembre de 2012, pp. 49-92. Este texto es interesantísimo y, en un nivel estrictamente personal, me resultó fundamental pues a las claras muestra un error que cometí en uno de mis libros.

cuenta, resultarían más valiosas en un libro de historia que en una obra de ficción. En una novela, los chismes y las maledicencias siempre dan buena tela para cortar. En el caso de la prostitución, me ayudó mucho un libro de Javier Ayala[33] y, en la historia de los "indígenas herejes", algo de verdad existe: los levantamientos que narré ocurrieron en 1712 en la región tzeltal y en el pueblo de Cancuc,[34] y lo mismo ocurre con las sartas de orejas que cargaban las tropas realistas. A pesar de estas fuentes, nada de lo que conté es exactamente igual a lo que sucedió, pues trastoqué muchos acontecimientos en aras de la narración.

Durante la escritura también me enfrenté a otro problema: las mocedades y los amoríos de Allende. Como ya lo señalé, son pocas las biografías sobre este personaje, por esta razón tuve que tomar partido por los ensayos de Fausto Marín Tamayo[35] e Ignacio Rubio Mañé,[36] los cuales me sacaron del atolladero. Y, como debe ser, le fui sobradamente infiel a estos autores, aunque algo de sus palabras y sus investigaciones quedaron marcadas en esos párrafos. En el caso de la retirada de las tropas insurgentes cuando estaban muy cerca de la Ciudad de México —un asunto cuya causa no tiene acuerdos—, opté por asumir que Hidalgo la ordenó para salvar a sus familiares que estaban en manos del virrey, para lo cual utilicé algunos de los señalamientos de un viejo libro cuyo título promete mucho más de lo que cumple.[37]

---

[33] Javier Ayala Calderón, *Guanajuato, breve historia de la vida cotidiana. Apuntes para una historia de la vida cotidiana y la cultura material en la Intendencia de Guanajuato en el paso del virreinato al México independiente*, Guanajuato, Universidad de Guanajuato, 2011.

[34] *Vid.* Friedrich Katz (comp.), *Revuelta, rebelión y revolución. La lucha rural en México del siglo XVI al siglo XX*, México, Era, 2012, pp. 87 y ss.

[35] Fausto Martín Tamayo, "Las mocedades de Allende", *Historia Mexicana*, núm. 15, enero-marzo de 1955, pp. 353-376.

[36] Ignacio Rubio Mañé, "Los Allendes de San Miguel el Grande", *Boletín del Archivo General de la Nación*, 2ª serie, vol. II, núm. 4, octubre-diciembre de 1961, pp. 517-556.

[37] José M. de la Fuente, *Hidalgo íntimo. Apuntes y documentos para una biografía*

Una buena parte de las referencias demoniacas que se mencionan en sueños de Allende y los suyos están profundamente vinculadas a un libro de Gisela von Wobeser,[38] mientras que las que se hacen sobre la vida de Calleja están emparentadas con la biografía que escribió Juan Ortiz Escamilla. En este caso, como en todos los anteriores, esta obra me sirvió para intentar un dejo de verosimilitud y, por lo tanto, no la seguí a pies juntillas. El degüello de los españoles en Valladolid, al igual que el ataque de Calleja a Guanajuato y el hecho de que Hidalgo abandonara a Allende, son verdaderos, aunque —para no variar— fueron transformados en aras de la novela; esto es algo muy parecido a lo que se cuenta desde la retirada de Guanajuato hasta la llegada de Allende a Guadalajara.

La llegada a Aguascalientes, la explosión del polvorín y la "desaparición" de Aldama son reales; sin embargo, aquí es necesario puntualizar algunas cosas: el asunto de Iriarte —un personaje que en verdad existió y que no acudió al llamado para enfrentar a Calleja— se subordinó a la historia que contaba, y el tiempo durante el cual Aldama estuvo alejado de Allende casi es una invención. Todos los historiadores coinciden en que se alejó durante varias semanas y también concuerdan en que no existe noticia de dónde estuvo, por esta causa me permití crear su estancia en la Sierra Gorda y cambié la fecha de su llegada. Él volvió a sumarse a las tropas insurgentes tras la batalla de Puente de Calderón.

Muchos de los hechos que ocurren en Guadalajara también son casi reales; sin embargo, vuelvo a señalar que fueron trastocados en aras de crear una novela, aunque la narración que se hace de la batalla de Puente Calderón es más o menos precisa y, en buena medida, fue construida a partir de un libro de María

---

del benemérito cura de Dolores, D. Miguel Hidalgo y Costilla, México, Tipografía Económica, 1910.

[38] Gisela von Wobeser, *Apariciones de seres celestiales y demoniacos en la Nueva España*, México, Universidad Nacional Autónoma de México, 2018.

del Carmen Vázquez Mantecón.[39] Entre las licencias más notorias que debo señalar se encuentran las siguientes: en la novela, el Torero muere en la batalla de Puente de Calderón, pero en la vida real, el guardaespaldas de Hidalgo sobrevivió a este combate, y lo mismo sucedió con Iriarte, quien no fue asesinado por Aldama y se sumó a los insurgentes en su camino hacia el norte.

Lo que narré sobre el avance hacia el norte y la traición de Elizondo es más o menos verídico, pero la locura de Hidalgo es de mi total invención. El ilustrado que se enfrenta a la muerte y le escribe versos de despedida a su carcelero me resulta insoportable; a mí me interesaba más explorar la derrota y la pérdida del poder.

Durante la escritura de este manuscrito se hicieron presentes muchas personas que lo transformaron en el libro que tienes en tus manos. En primer término, como ya apunté, no existiría sin Guadalupe Ordaz y Pablo Martínez Lozada, quienes lo transformaron en lo que es; todo su brillo se debe a ellos. Además, las conversaciones que tuve con Fernanda Familiar me dieron la oportunidad de mirar cómo la gente podía reaccionar ante algunas de sus páginas. Sin ella, el silencio de la escritura habría sido absoluto. Y, por último, debo mencionar a Paty, Demián, Ismael y Adri. Mi esposa, con su presencia y sus apariciones en mi lugar de trabajo, iluminaba mis páginas y mis días; mi hijo, con su voz precisa, me revelaba el eco que desde la lejanía me invitaba a seguir adelante, y mi nieto, que en los días en que comenzaba a corregir el manuscrito aprendió a sonreír, fueron indispensables.

José Luis Trueba Lara

2011-2021

[39] María del Carmen Vázquez Mantecón, *Puente de Calderón, las versiones de un célebre combate*, México, Universidad Nacional Autónoma de México, 2012.

Una cronología de los hechos "reales"

FECHA	ACONTECIMIENTO
1753	Nace Miguel Hidalgo y Costilla en la hacienda de Corralejo. Es el segundo hijo de Cristóbal Hidalgo y Ana María Gallega.
1766	Hidalgo ingresa al Colegio de San Nicolás, en Valladolid.
1767	Hidalgo vive en Tejupilco.
	Hidalgo es internado en el Colegio de San Nicolás Obispo, en Pátzcuaro.
1769	Nace Ignacio Allende y Unzaga.
	Hidalgo llega a la Ciudad de México.
1770	Hidalgo y su hermano José Joaquín asisten a la Real y Pontificia Universidad de México para proseguir sus estudios.
1773	Hidalgo obtiene el grado de bachiller en teología.
	Vuelve al Colegio de San Nicolás en Valladolid y obtiene una beca de oposición.
1774	Nace Juan Aldama.
1775	Hidalgo concursa para obtener la cátedra de filosofía.
1778	Hidalgo se ordena sacerdote en Valladolid.
1779	Hidalgo se convierte en presbítero.

1784   Hidalgo, en un concurso convocado por el deán José Pérez Calama, presenta su *Disertación sobre el verdadero método de estudiar teología escolástica.*

            Llega a Valladolid Manuel Abad y Queipo, hijo ilegítimo del Conde de Tornero.

1785   Hidalgo es catedrático de teología en el Colegio de San Nicolás de Valladolid.

1790   Hidalgo es nombrado rector del Colegio de San Nicolás.

1792   Hidalgo renuncia a su puesto de rector, catedrático de teología y tesorero, y va a ocupar el curato de Colima.

1793   Hidalgo toma posesión del curato de San Felipe, donde establece un taller de alfarería y dirige la representación de obras de Molière y Racine.

1800   Fray Joaquín Huesca, monje del convento de la Merced de Valladolid, denuncia a Hidalgo ante la Inquisición, debido a que se ha pronunciado en contra del dogma, la disciplina y la moral.

1801   Hidalgo vuelve a ser denunciado ante la Inquisición, esta vez los cargos corren por cuenta del obispo Abad y Queipo.

1803   Hidalgo solicita se le conceda el curato de Dolores, el cual ocupaba su hermano José Joaquín. Su solicitud es aceptada.

1808   Luego de la llegada a Veracruz de las barcas *Corza* y *Ventura*, las cuales transportaban ejemplares de la *Gazeta de Madrid*, se conocen en Nueva España las abdicaciones de Carlos IV y Fernando VII.

            El Ayuntamiento de la Ciudad de México pide al virrey José de Iturrigaray que dicte las ordenanzas que declararán la independencia provisional de Nueva España.

            Iturrigaray acantona la mayor parte del ejército virreinal en Xalapa.

            Son embargadas tres haciendas propiedad de Miguel Hidalgo.

            Se publica la *Representación del Ayuntamiento de la Ciudad de México*, escrita por Francisco de Azcárate y Francisco Primo de Verdad, la cual postula el retorno de la soberanía al pueblo representado por el Ayuntamiento. Se pide que el virrey Iturrigaray gobierne en representación de Fernando VII, quien está preso en Francia.

Golpe de Estado contra el virrey Iturrigaray y el Ayuntamiento de México. El movimiento es encabezado por Gabriel Yermo, los oidores y el arzobispo.

Pedro de Garibay asume el gobierno novohispano.

Iturrigaray es enviado como prisionero a España.

1809 En Valladolid se reúnen Mariano Michelena, José María Obeso, Mariano Ruiz de Chávez y José María Izazaga para fraguar un plan de independencia: si España había sido derrotada por Napoleón, Nueva España podía ser autónoma, aunque manteniéndose fiel a Fernando VII.

Ignacio Allende visita en varias ocasiones el pueblo de Dolores, probablemente inicia conversaciones con Hidalgo sobre la situación de los criollos y los problemas de España.

Se descubre la conspiración de Valladolid. Sus integrantes son aprehendidos y enviados a la capital, donde el virrey Lizana no encuentra delito que perseguir y ordena su libertad.

1810 Miguel Hidalgo conoce el plan de rebelión de sus correligionarios: Ignacio Allende, Juan Aldama, Josefa Ortiz de Domínguez y Mariano Abasolo, entre otros.

El capitán Luis Arias denuncia a los conspiradores de Querétaro y el intendente Riaño ordena su captura.

Hidalgo convoca a Allende tras enterarse de que la conspiración ha sido descubierta. El militar llegó a la casa de Hidalgo en las primeras horas de la noche.

Hidalgo se levanta en armas en Dolores. Los milicianos comandados por Allende son 500 hombres, mientras que los de Abasolo apenas suman 36.

En Atotonilco, Hidalgo toma el estandarte de la Virgen de Guadalupe como enseña del movimiento.

Las tropas de Hidalgo saquean San Miguel.

Hidalgo es nombrado capitán general y Allende recibe el cargo de teniente general.

Las tropas de Hidalgo entran a Celaya. Para ese momento ya suman más de 20 mil hombres. La ciudad es saqueada.

Hidalgo es excomulgado con un edicto suscrito por el obispo Abad y Queipo.

El virrey pone precio a las cabezas de los líderes insurgentes.

Toma y saqueo de Guanajuato. Allende trata de evitar el pillaje y la matanza, Hidalgo se lo impide.

La Inquisición excomulga a Hidalgo y sus seguidores.

Las tropas insurgentes ocupan Valladolid.

Hidalgo decreta la abolición de tributos y abandona Valladolid con rumbo a la Ciudad de México.

Hidalgo es nombrado generalísimo. Sus tropas ya suman 80 mil hombres.

Hidalgo, junto con sus tropas, entra en Toluca.

Batalla de Monte de las Cruces. Los insurgentes vencen a los realistas y están en posibilidad de tomar la capital novohispana.

Hidalgo se retira sin atacar la Ciudad de México.

Los insurgentes y los realistas se enfrentan en Zacoalco.

Hidalgo es derrotado en Aculco.

Las fuerzas insurgentes se dividen: algunos, al mando de Hidalgo, toman camino hacia Valladolid; otros avanzan hacia Guanajuato al mando de Allende.

Las fuerzas insurgentes al mando de José Antonio Torres toman Guadalajara.

Hidalgo llega a Valladolid.

Degüello de españoles en Valladolid.

Allende, cuyas tropas se encontraban en Guanajuato, espera el ataque de Félix María Calleja. Para la defensa de la ciudad había solicitado refuerzos a Hidalgo. La ayuda nunca llega.

Calleja toma Guanajuato.

Hidalgo entra a Guadalajara, donde decreta la abolición de la esclavitud, el pago de tributos y alcabalas, al tiempo que suprime el uso de papel sellado.

Asesinato de españoles en la barranca de Oblatos.

1811   Los insurgentes son derrotados en Puente de Calderón por Calleja.

Hidalgo es despojado del mando.

Los insurgentes entran a Zacatecas, Hidalgo es su prisionero.

El virrey ofrece indulto a Hidalgo y sus seguidores.

En junta de guerra, los insurgentes designan a López Rayón comandante militar en ausencia de los principales caudillos, quienes resuelven ir a hacia el norte.

Ignacio Elizondo se suma a las fuerzas realistas.

Hidalgo, Allende, Aldama, Jiménez y Abasolo son traicionados por Ignacio Elizondo en las Norias de Baján y son conducidos como prisioneros a Monclova.

Los prisioneros llegan a Monclova.

Se anuncia en la Ciudad de México la captura de los líderes insurgentes, que llegan como prisioneros a Chihuahua.

Se inician los procesos contra los líderes insurgentes.

Hidalgo se retracta de sus acciones.

Muere fusilado Mariano Hidalgo, hermano de Miguel Hidalgo.

Allende, Juan Aldama, Mariano Jiménez y otros jefes insurgentes son fusilados.

Hidalgo es fusilado y decapitado.

Llegan a Guanajuato las cabezas de Hidalgo, Allende, Aldama y Jiménez y son colocadas en las cuatro esquinas de la alhóndiga de Granaditas.

Fuentes: Ernesto de la Torre Villar, *La Independencia de México*, México, Fondo de Cultura Económica/Mapfre, 2010; Agustín Rivera, *Anales de la vida del Padre de la Patria Miguel Hidalgo y Costilla*, León de los Aldamas, Imprenta de Leopoldo López, 1910, y Carlos Herrejón Peredo, *La ruta de Hidalgo*, México, Instituto Nacional de Estudios Históricos de las Revoluciones de México, 2012.

Esta obra se imprimió y encuadernó
en el mes de octubre de 2021,
en los talleres de Corporativo Prográfico, S.A. de C.V.,
Calle Dos #257, bodega 4, Col. Granjas San Antonio,
09070, Iztapalapa, Ciudad de México.